男の子に伝わる ほめ方しかり方大事典

原坂一郎
Ichiro Harasaka

宝島社

はじめに

今、この本を手に取られているお母さん。
私は心から尊敬しています。
だって、とても向上心があるお母さんだからです。
あなたはいつも、「どうすれば子育てがうまくいくか」
ということばかりを考えています。
だから、この本を手に取ってくれたのですよね。
そして今、読み続けておられるお母さん。
私は大好きです。
だって、わが子のことが大好きで、わが子思いのお母さんだからです。
「大好きなわが子のいいお母さんでありたい……」
だから、この本を読んでおられるのですよね。

男の子の子育ては、お母さん方にとって、
もしかしたら少し難しいかもしれません。
思ったように進まないかもしれません。
でも、それは仕方がありません。
だって、お母さんは女の子だったのですから。

そこで男の子だった私が、ちょっとだけ、アドバイスをしたくなりました。
それには、わが家にもわんぱくな男の子が2人いたこと、
そして保育園という男の子が無数にいる世界で
保育士として働いていたことがずいぶん役に立ちました。
この本を手に取ってくれた方にだけお教えします。
男の子に伝わるほめ方、しかり方を。
ごゆっくりご覧ください。

2016年1月1日

原坂一郎

男の子に伝わるほめ方しかり方大事典　もくじ

CONTENTS

第5章

「甘やかし」と「甘えの受け止め」をチェックしてみよう

CONTENTS

第7章

男の子ならではの「困った！」にお答えします

CONTENTS

編　集　　星野由香里
イラスト　アベクニコ
装　丁　　仲亀 徹（BE.TO BEARS）
本文DTP　オフィス・ストラーダ
写　真　　©Katsuhiko Kato/a.collectionRF/amanaimages（男の子）
　　　　　小島隆司（著者）

第1章

これが男の子だ！

男の子は宇宙人!?

まずはその特徴を知ろう

男の子代表の私としては、まずはみなさんに男の子というものをわかっていただきたいために、男の子の特徴を川柳にしてご紹介したいと思います。きっと「あるある」と、笑いながら読んでいただけると思います。

どうしてそうなってしまうのかも書いていますので、あわせてお読み願います。

男の子の特徴として書いてみましたが、書いているうちに気づきました。これは、子ども時代だけでなく、大人になっても続く特徴だということに。ご主人はもちろん、あなたのご兄弟やお父様にも当てはめて読んでみるとおもしろいかもしれません。

私が書いた男の子の本が、中国語に翻訳されたことがありました。そのときのタイトルは、なんと「男の子は宇宙人」でした。

そう、男の子は、それくらいに思っていた方がいいのかもしれませんね。では早速、その宇宙人の特徴をご紹介しましょう。

原坂一郎作

オリジナル川柳①

ついさっき
しかったことを
またしてる

暴れまわっていた子どもをさんざんしかって、「いい？　わかった？」と言うと、「はーい」と答えたので安心したら、その直後に暴れまわり、情けないやらあきれるやら……。男の子のお母さんには、そんな経験は日常茶飯事だと思います。

欲求が湧いて、「やりたい」と思ったことは、あと先を見ずに実行に移してしまうのが男の子。それをしたら怒られるとわかっていても、ついやってしまうのです。

「怒られるからやめておこう」ができる女の子とは大違いです。

男の子は、言うことを《聞かない》《聞いてない》《わかってない》ものだと思っておくと、あきらめがつくかもですよ。

原坂一郎作

オリジナル川柳②

さわったら
だめなものすぐ
さわるキミ

男の子の好奇心・探求心・冒険心は、女の子の数倍旺盛です。少しでも興味のあるものを見つけると、これはどうなっているのだろう？　しくみはどうなってるんだろう？　感触はどうかな？　となり、それを確かめたくて仕方がなくなるのです。

小さな子どもは全神経のうちで、指先が一番敏感です。年齢が小さいほど、さわって確かめようとします（もっと小さいうちは、舌の感覚が一番敏感なので何でもなめて確かめようとします）。

ちょっとさわったら得心し、いつまでもさわったりはしないので、さわったらダメなもの以外は、ほんの少しさわらせてあげるのがコツです。まったくさわらせなければ、親の目を盗んでさわります。

原坂一郎作

オリジナル川柳③

どうするの
走る電車と
競争し

男の子は競争心が旺盛です。競争し、自分が勝つことに、限りない喜びを感じます。

男子校などでは、誰が一番フランス語の発音がうまいか、競い合ったりするそうです。女子校では考えられませんよね。

大人の集団では、昔はすぐにすもう大会が始まり、今でも男性社会では、腕ずもう大会程度のことは、どこでもすぐに始まります。男はとにかく競い合うこと、そして自分が勝つことが好きなのです。

マラソンの沿道で、ランナーと数十メートル競争するのも、ほぼ100パーセント男性です。当然です。だって幼児のころから、三輪車で自転車と競争したり、プラットホームの上で発車する電車と競い合ったりしていたのですから。

原坂一郎作

オリジナル川柳④

やめてよね
すぐにパンツに
手を入れる

男性はすぐにパジャマやパンツの中に手を入れます。でも、何もさわっていませんよ（笑）。

どうしてだと思いますか？

それは、手の先がギュッと引き締まると心が落ち着くからです。だから男性はすぐに腕組みをします。偉そうにしたいのではありません。そうすると手首から先が引き締まり、落ち着くのです。

運動会の観戦中など、くつろいでいるときほど腕組みをよくします。ズボンのポケットにすぐに手を入れるのも寒いからではありません。手首から先が引き締まって気持ちがいいからです。

保育園で昼寝中、パンツに手を入れる男の子はすぐに先生に怒られていました。「かわいそうに、くつろいでいるだけなのに」と、同情していたことを思い出します。

原坂一郎作

オリジナル川柳⑤

「これ買って」
見ればまたまた
電車の本

3歳を過ぎた男の子は、必ずといっていいほど、何か特定のジャンルのものを大好きになります。それは特撮ヒーローかもしれないし、アンパンマンかもしれません。機関車トーマスのときもあれば、ポケモンのときもあります。

キャラクターものではなく、電車や働く車だったり、恐竜や昆虫などの生物だったりすることもあります。世界の国旗であることもあります。その共通点は、もう「博士」と言ってもいいくらい、その世界に詳しくなること。たまには違うものにしたら？と言いたくなる気持ちはわかりますが、この凝り性は大人になっても続きます。とことんつきあってほしいと思います。

原坂一郎作

オリジナル川柳⑥

「危ないよ！」
言うとますます
やりたがる

好奇心・探求心・冒険心が旺盛な男の子は、危険なことをよくします。1年を通して、「危ないよ」「やめなさい」という言葉は、女の子の10倍以上言わないといけません。

「危ないよ」と言ったくらいでは聞かないどころか、ますますやりたがります。その結果、ケガをよくします。実は男の子は、大きくなるにつれ、ますます危ないことをします。夏の水の事故は、ほとんどが男性で、しかも大人の男性が一番多いというのは、案外知られていない事実です。

でも、「危ないからさせない」ではなく、「させながら危険を教える」というスタンスでいてほしいと思います。いざという時に、自分で自分の身を守ることができるように。

原坂一郎作

オリジナル川柳⑦

棒切れを
拾うとすぐに
振り回し

男の子は、鉄砲、刀、ヌンチャクなど、「武器」のおもちゃが大好きです。棒切れなんてものは、もう刀そのものにしか見えません。

公園に行って、落ちている棒切れを親が先に見つけ、「うちの子、拾わなければいいけど」と思って振り向くと、もう拾って振り回して遊んでいます。

でも、「チャンバラごっこ」は、100年前から男の子の遊びの定番だし、最近のヒーロー番組でも、主人公は必ずと言っていいほど、剣の武器を振り回しています。棒切れを持っているだけでしかったりしないようにし、ケガにつながりそうな遊び方をしているときは注意する、でいいと思いますよ。

原坂一郎作

オリジナル川柳⑧

水たまり
なぜにわざわざ
入ってく

雨上がりの水たまり。人は、必ず避けて歩きます。なのに息子は、わざわざバシャバシャとその中へ……。

もう本当に、考えられませんよね。でも、それが男の子なのです。男の子は基本的に、爆発、崩壊、爆音など、破壊的なものや派手な音が大好きです。積み木も、最後にガシャッと壊すのを楽しみに積んでいきます。

きれいに積んでいくことが楽しい女の子（お母さんを含む）とでは、そこでもう合いません。大人の男性が、プロレスなど破壊的・攻撃的なスポーツを見ると爽快感を味わうように、子どもの男性（男の子）は、水たまりの撥ねが飛び散ると（派手に飛べば飛ぶほど）、スッとするのです。たとえお母さんに怒られても。

原坂一郎作

オリジナル川柳⑨

狭いとこ
すぐ入るキミは
ネコかいな

男の子は狭いところが大好きです。隙間があったら入りたくなるので、家の中では、机の下、ベッドの下など、頭を打ち付けながらでも平気で入っていきます。

外出したときは、服を汚しながら公園のベンチに潜り込んだり、お店では商品のロッカーや物置の中に入ったりするのでお母さんは目が離せませんよね。壁の隙間や洗濯機の中に入ってしまい、出てこられなくなった事故などはほとんどが男の子です。男の子にはそういう習性があると思い、外出したときはネコと散歩しているくらいのつもりでいた方がいいかもしれません。

でも、狭いところって楽しいのです。

原坂一郎作 オリジナル川柳⑩

うれしくない
「元気ですね」と
言われても

子どもが走り回ったり暴れたりしたとき、まわりから「元気ですね」と言われたことはありませんか？　そしてそれを素直に「ほめ言葉」として受け取れず、「あれはきっと文句だ」と思って、ひとり悩んだことはないでしょうか。

私は、女性がよくないのは、相手の言葉のウラを探ることだと思っています。赤ちゃんが夜泣きをして、ご主人が「よく泣いていたね」と言っただけで、「うるさかった」と言っているように聞こえ、ケンカになった夫婦もいるそうです。

でも、言葉は言葉通り素直に取るとずいぶん気がラクになりますよ。「元気ですね」には、「ありがとう」、「泣いていたね」には、「ホントホント」でいいのです。

いかがでしたか？　「あるある」はいくつありましたか？

ここまで読んだだけでも、「あ～あ、もう、男の子って仕方ないなあ」と思ったかもしれませんね。でも、それはお互いさま。

私たち男性から見たら、女の子の方こそ宇宙人。謎だらけで、わからないことだらけです。女の子で「あるある川柳」を作ったなら、私はこの2倍は書けるような感じがします。

でも大切なのは、それを「よくないこと」「困ったこと」と思うのではなく、それがこの子なんだと思い、そのありのままを受け止め、認めることだと思います。相手を変えようとするのではなく、今のままでどうすればうまくやっていけるか、を考えるのです。それを次の章でご紹介したいと思います。

第2章

今日からしかり上手なお母さん

しかりたくなる場面こそしつけのチャンス

しつけとは「しかること」ではなく「伝えること」

お母さんの悩みのナンバーワンって何かご存じですか？

それは「しつけ」についてです。おもしろいのは、50年前のお母さんも今のお母さんも、子育ての悩みの一番が「しつけ」だということです。子どものしつけは、母親にとっては永遠のテーマなのでしょう。

「しつけ」を「しかること」と考えている人が多いのですが、違います。しつけとは、「教えること」「伝えること」です。

子どもは人生経験が少なく、人としても未熟なので、いろんなことを知りません。だから間違ったことをよくします。それをしかるのではなく、教えてあげるのが「しつけ」なのです。

「しつけは何歳から？」と聞かれたときは、私は迷わず「はい、0歳からです」と答えます。しつけは「伝える」ことだからです。

たとえば、赤ちゃんがママの髪の毛を引っ張ってばかりいたとします。

そんなとき、ママは我慢しなくてていいのです。

「ダメダメ、痛いからお手々離してね」

はい、これでもう立派なしつけになっています。しつけを「しかること」と考えている人は、「ダメ！　このお手々は！　パッチンですよ」と言って赤ちゃんの手をたたいたりします。それではしつけになっていません。単に怒っただけです。子どもはそれで改まるどころか「この人、こわい」という感情しか抱きません。

何度も言うように、しつけは「伝えること」です。子どもをしかりたくなったその場面こそ、しつけのチャンスなのです。しかり方ひとつで、子どもはウソのように変わります。

そして、ほめ方ひとつでその行動は定着していきます（【ほめ方編】は80ページからです）。

まずは、「しかり方」を見ていきましょう。

これだけでも立派な「しつけ」になっている

上手なしかり方

こんなとき どう言えば……

次のページからは、日常の中で起こる、「思わずしかりたくなる」15のシーンが書かれています。そのとき、あなたなら子どもにどう言いますか。それぞれ、「効果のないしかり方」と、ではどう言えばよいかを紹介しています。最後に書かれている「上手なしかり方4つのポイント」を参考にしながら、あなたも今日からぜひ「しかり上手なお母さん」になってくださいね。

上手なしかり方
SCENE
1

夫と息子に留守番を頼んで友達とランチ。おみやげを手にして帰宅したら家の中がグチャグチャ！

効果のないしかり方

**うわ！　なにこれ！
ちょっとお、
どうしてこんなに
散らかすの！**

どうしてダメなの？

何かを見たとき、気になる点を一番に言ってしまいやすいのがお母さん。でも、これだと、「ちゃんと留守番していただけでしかられた」となり、留守番も、もうしたくなくなっちゃうかも……。

ではどう言えば…

**今日はお留守番
ありがとう。
(笑いながら)ウヒャ～、
たくさん
散らかしちゃったねえ**

どうしてうまくいくの？

とりあえず留守番はしてくれたのですから、まずは感謝の言葉を。人は感謝されると気分がよくなり、再びその行動をとろうとします。次のお出かけも機嫌よくお留守番をしてくれることでしょう。

上手なしかり方
SCENE 2

公園に着くやいなや、子どもが危ないところにさっさと上がってしまい、上から「おかあさ～ん！」。

効果のない しかり方

もうっ！　ダメでしょ、そんなところに上がったら！

どうしてダメなの？

お母さんに驚いてもらおうと思ったのに、逆に怒られちゃったよ……となり、子どもはがっかりです。喜んでほしかっただけなのにいきなり怒られると、誰でも素直になれなくなります。

では どう言えば…

は～い！ うわあ、高いね！ でも、危ないから下りてらっしゃい

どうしてうまくいくの？

呼ばれたのですから、まずは返事を。返事もしてもらえ、感心もしてもらえ、望み通りの結果になった子どもは、そのあとのお母さんの言葉にも素直に従おうとします。

上手なしかり方
SCENE
3

出かけるので、「お片づけですよ」と言ったら、「え〜」。毎日がこれで、もううんざり。

効果のないしかり方

片づけない子は、もう連れていかないよ！

どうしてダメなの？

子どもが言うことを聞かないとき、「〇〇しないのなら△△してあげないよ」式の言い方でしかっていると、次はもっと大きな罰が待っていないと、言うことを聞けない子どもになっていきます。

ではどう言えば…

片づけた人だけ、お出かけしよう

どうしてうまくいくの？

さっきとは逆の言い方です。この方式だと、罰が怖いからするのではなく、自分のためにやろうとします。目標をゲットするためにがんばる子どもになり、さっきとは大違いの結果になります。

上手なしかり方
SCENE
4

車が近づいてきたのに気づかず、道路をウロチョロしているとき。

どうしてダメなの？

車が来たとき、「車よ」だけでは、子どもは回避行動をとりません。飛行機が飛んでいるときに「飛行機よ」と言ったときと同じだからです。「車」と言っただけで望ましい行動をとるのは大人だけです。

どうしてうまくいくの？

そのときに「すべきこと」や「してほしいこと」を言うと、子どもは見事にその通りのことをします。「車よ！」では止まりもしなかった子どもも、「ストップ！」のひと言で止まります。

効果のない
しかり方
車よ、車！
もうっ！
車って言ったでしょ！
では
どう言えば…
車が来たから、
ストップ！
道路の端っこを
歩きなさい

上手なしかり方
SCENE
5

散歩中、汚れた葉っぱを拾おうとしたり、土にさわろうとしたり……。

効果のないしかり方

もうっ！
汚いでしょ！

どうしてダメなの？

さわってほしくないという気持ちはわかりますが、「汚い！」と言うだけでは、自分の思いや感想を言っただけで、なんの指示にもアドバイスにもなっていません。

ではどう言えば…

さわったら、
手が汚れて、
バイキンだらけに
なっちゃうよ

どうしてうまくいくの？

男性は総じて理屈人間です。男の子も、さわらない方がいい理由さえわかれば、「なるほど」と思い、お母さんの言葉にも素直に従うことも多いものです。

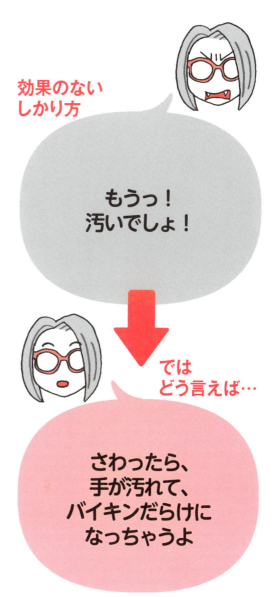

上手なしかり方
SCENE
6

おもちゃとおもちゃを思いっきりガンガンぶつけて遊ぶ。

効果のないしかり方

**やめなさい！
壊れるでしょ！**

どうしてダメなの？

男の子は、おもちゃ同士をぶつけて遊ぶことが多いものです。想像の世界では敵味方が激しく戦い合っているのでしょう。でも、「壊れるでしょ」だけでは、お母さんの予想を言ったにすぎません。

ではどう言えば…

**そんなことしたら
おもちゃが壊れて、
もうそれで
遊べなくなるよ**

どうしてうまくいくの？

壊れるとそのあとどうなるかを教えるのです。男の子は、その行動で、自分に不都合がやってくることがわかれば、あっさりその行動をやめることが多いものです。

上手なしかり方
SCENE
7

電車の中や図書館・病院など、公共の場所ですぐ騒いでしまう。

効果のない しかり方

もう連れて こないよ！

どうして ダメなの？

「連れてこないよ」と言うわりには、次もちゃんと連れていってくれていることを子どもは知っています。効果はゼロに近いでしょう。

では どう言えば…

ここでは暴れません。静かにしましょう

どうして うまく いくの？

子どもが騒いではいけないところは案外限られています。その場所に行ったときだけ、厳しく伝えていくと、その場所の共通点（つまり公共の場所というもの）がだんだんわかってきます。

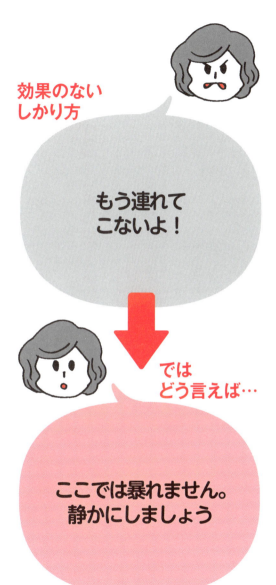

上手なしかり方
SCENE
8

友達をたたく、押すなど、暴力をふるってしまったとき。

効果のないしかり方

これっ、ダメでしょ！

どうしてダメなの？

男の子は、すぐに暴力に走る子どもが確かに多くいます。でも、ただしかられただけでは、「頭ごなしにしかられた」と思い、素直になれなくなり、聞く耳ももてなくなってしまいます。

ではどう言えば…

どうしてたたいたの？
そう、○○したかったの。
でも、たたくのはダメ

どうしてうまくいくの？

人はどんな行動をとったときでも事情というものがあります。頭ごなしにしかられたときと、事情を聞いてくれたときとでは、そのあとの落ち着きや素直さがずいぶん違ってきます。

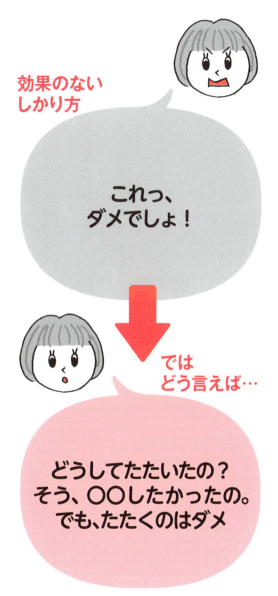

上手なしかり方
SCENE
9

友達にふざけて「ぶっ殺すぞ」と言ったり、「お前」と言ったり、よくない言葉を使ったとき。

効果のないしかり方

そんな言葉
言わないの！

どうしてダメなの？

「そんな言葉……」「あんなこと……」など、いわゆる「指示代名詞」を使ってしかっても、子どもには伝わりません。「そんな」と言われて、それが何をさすのかわからないのです。「『そんな』とは何をさす？」は、小学校の国語の問題です。

ではどう言えば…

「ぶっ殺す」なんて
言わないの。
「お前」なんて
言わないの

どうしてうまくいくの？

「そんな言葉……」の、「そんな」に当たる部分を、具体的な言葉ではっきり伝えてください。すると子どもは「『ぶっ殺す』も『お前』もダメなんだな」とわかります。遠回しな言葉では子どもには何も伝わらない、と思って正解です。

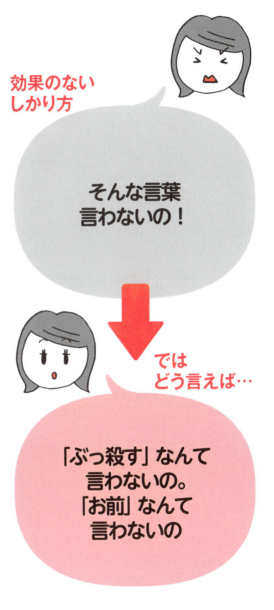

上手なしかり方
SCENE
10

危なっかしいことをしているとき。

どうしてダメなの？

子どもが危ないことをしていたら、ついそう言ってしまいますが、それでは何がどう危ないのか、ではどうすればいいのか、ということなどが子どもにはわかりません。結果として、子どもはやめません。

どうしてうまくいくの？

川で遊んでいたら「危ないからここでは遊びません」、高いところに上がっていたら「危ないから下りなさい」と、その場その場で、子どもがすべきことを具体的に言うと、子どもはその通りにします。

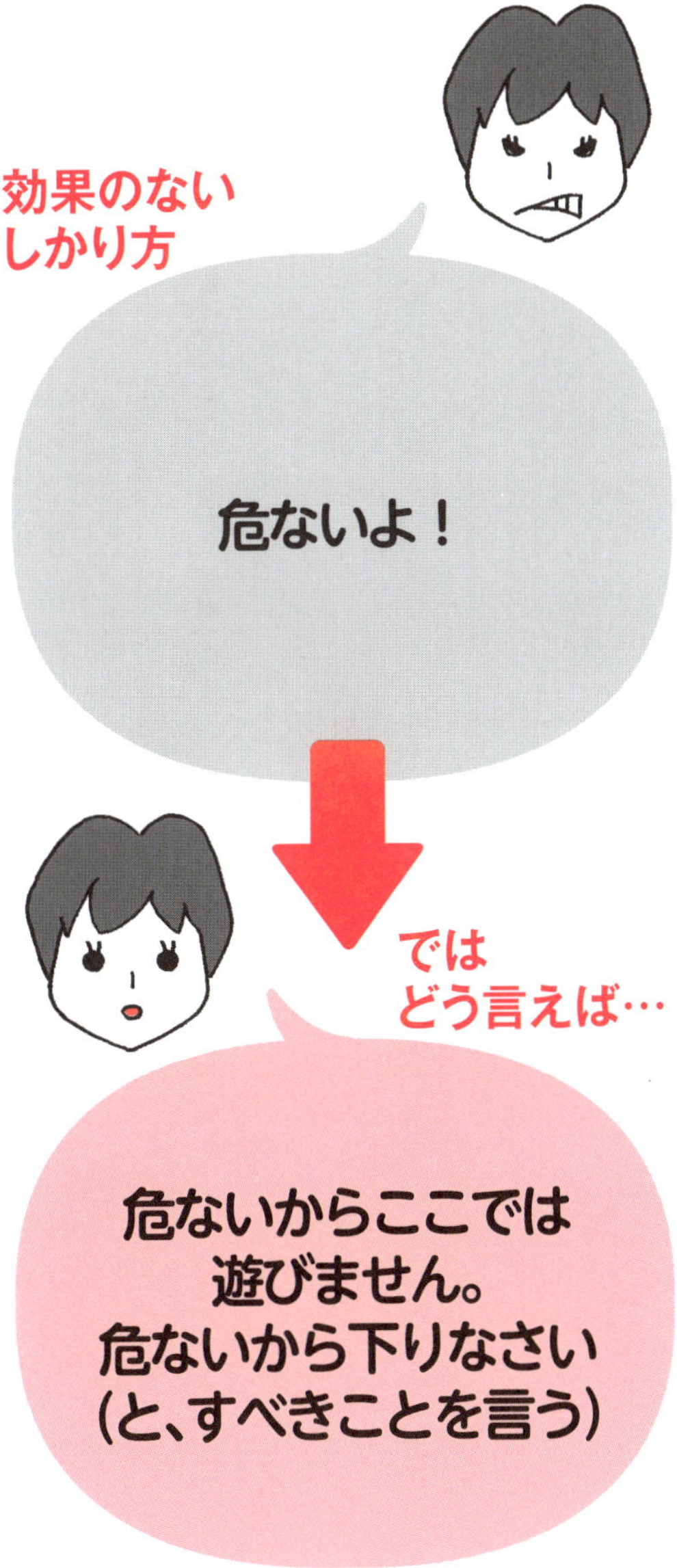
効果のないしかり方
危ないよ！
では
どう言えば…
危ないからここでは遊びません。
危ないから下りなさい
(と、すべきことを言う)

上手なしかり方
SCENE
11

靴をきちんと揃えず、いつも脱ぎ散らかしてしまう。

効果のないしかり方

ちょっとお、何これ

どうしてダメなの？

子どもがよくないことをしたときに、ただ文句を言っているだけのお母さんが多いようです。これでは、しつけにも何もなっておらず次も必ず同じことが起こってしまいます。

ではどう言えば…

靴は、揃えなさい。おいで、やってごらん

どうしてうまくいくの？

子どもに文句を言いながらも、その尻拭いをお母さんがしてしまっていませんか。この場合も、お母さんが揃えるのではなく、子どもを呼んで、自分で揃えさせればいいのです。それが“しつけ”です。

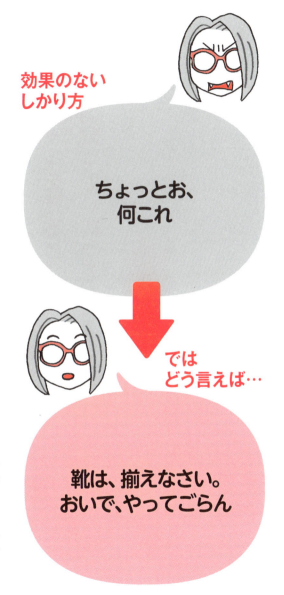

上手なしかり方
SCENE
12

テレビのコマーシャルを見ると、すぐに「買って、買って〜」と言う。

どうして
ダメなの？

「これ、買って～」は、「僕はこれが気に入った」「これ欲しいな」という単なる意思表示です。テレビの海外番組を見て「私も行きた～い」と希望を言っただけで、ご主人にしかられたら悲しいですよね。

どうして
うまく
いくの？

「ダメ」ではなく、「OK」という肯定的な言葉に子どもは喜びます。そう言っても、たいていの場合、「わーい」と喜んでそれっきり。3日もすればもう忘れ、次のモノを欲しがっています。何度も言ってくるときは検討の余地ありかも……。

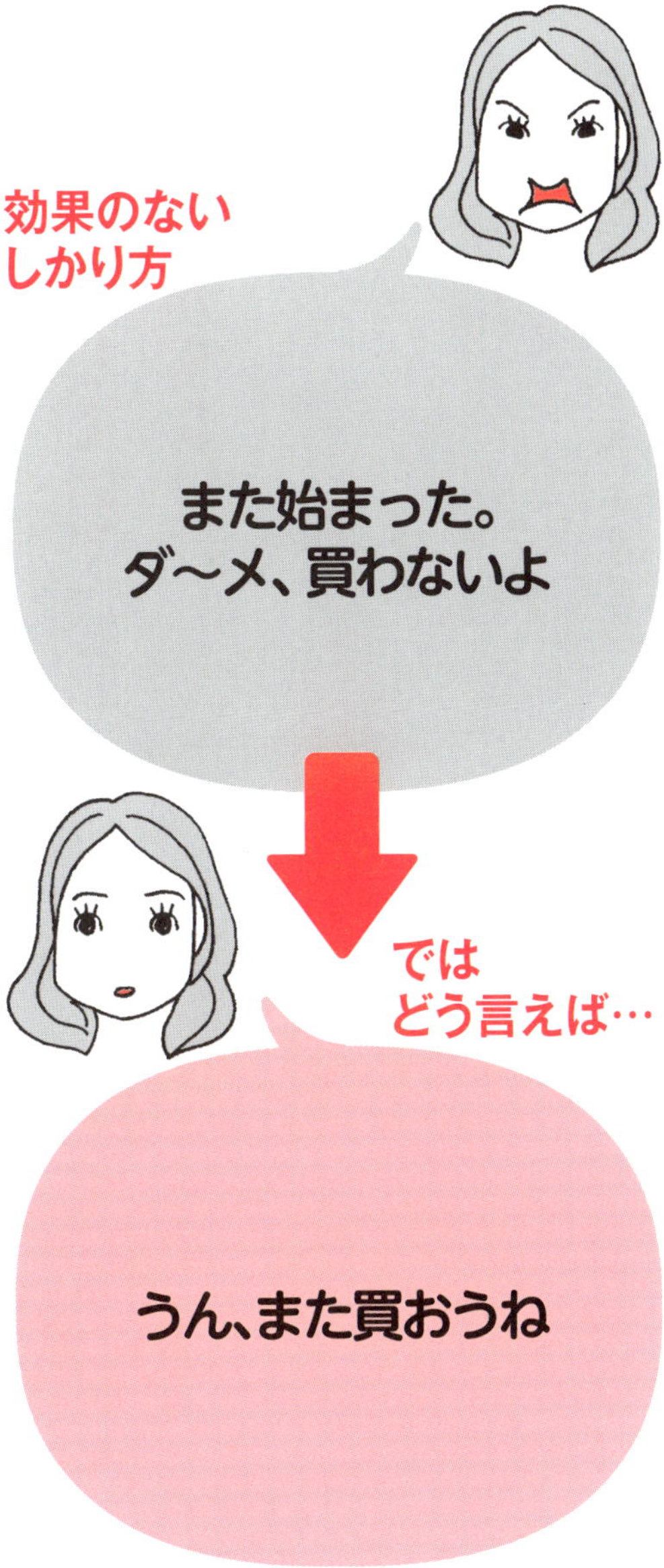
効果のない
しかり方
また始まった。
ダ～メ、買わないよ
では
どう言えば…
うん、また買おうね

上手なしかり方
SCENE
13

夜遅くまでテレビを見たりゲームをしていて、なかなか寝ない。

効果のないしかり方

いつまでやってるの！
何時だと思ってるの！

どうしてダメなの？

「いつまで…」「誰が…」「どこ…」と、疑問形でしかっても、子どもには何も伝わらないと思いましょう。言葉通りに受け取る子どもは、「何時だと思ってるの」と聞かれると、「11 時」と答えたりします。

ではどう言えば…

もう遅いから
テレビを消して、
寝なさい

どうしてうまくいくの？

言いたいことは、まさにそれだったはず。イヤミや文句のように言わず、すべきことをストレートに言うと、子どもは案外その通りのことをします。短い理由をつけるとさらに効果があります。

上手なしかり方
SCENE
14

ひとりでできるのに、「はかせて〜」「食べさせて〜」と、甘えてきた。

どうして ダメなの？

子どもは甘える人を選んでいます。その基準は、「大好き」「信頼できる」「今までたくさん受け入れてくれた」の3つ。その基準からはずれた人には甘えません。しかってばかりだと「基準外の人」になってしまいますよ。

どうして うまく いくの？

赤ちゃん時代、子どもの甘えを100％受け止めたのがお母さん。その経験から、子どもはお母さんに甘えるのです。手伝うのはほんの少しでOK。たったそれだけで母親への愛情と信頼は、ますます強くなっていきます。

効果のない しかり方

何、言ってるの！ 自分でできるでしょ！

では どう言えば…

はいはい、 もう赤ちゃんなんだから （と、少しだけ手伝う）

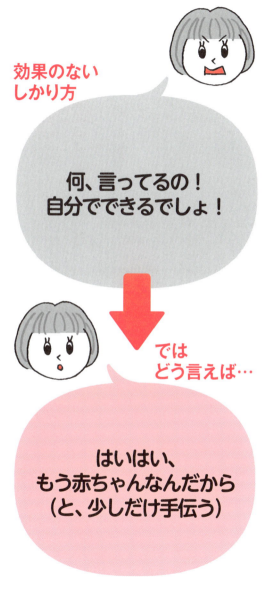

上手なしかり方
SCENE
15

忙しいときに限って「ママ、見て」。毎日「見て、見て」のオンパレード！

効果のない しかり方

**今、忙しいの！
あとで！**

どうしてダメなの？

子どもは「あと」ではなく、今、見てほしいのです。このようなことが続くと、「どうせ見てくれない」と、見てほしいことがあっても、もう、お母さんを呼ばなくなってしまいます。

では どう言えば…

**なあに
（と、2秒だけ見て）、
あ、ほんとだ
（で終わり）**

どうしてうまくいくの？

「見て」と言って、見てくれた事実がうれしいので、見るのは2秒でもいいのです。1日10回あったとしても、たった20秒。全然見てもらえなかった子どもとは大違いの子どもになっていきますよ。

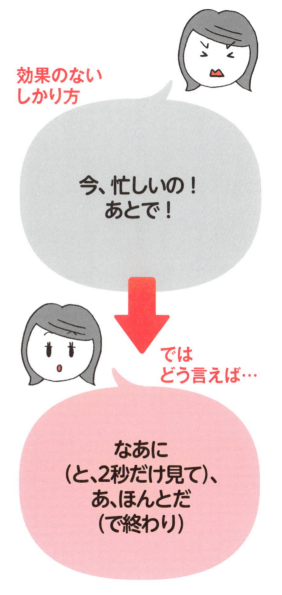

上手なしかり方4つのポイント

POINT 1

「すべきこと」を言う

子どもをしかったとき、親はそのつど、子どもに「してほしいこと」があるはずです。それを言葉で言えばいいのです。たとえば、子どもが机の上に上がっていたら、してほしいことは「机から下りること」ですよね。ならば「下りなさい」と言えばいいのです。「どこに上がっているの！」と文句のようにして言ったり、「こらっ！」や「もう！」と怒ってみても、「すべきこと」や「してほしいこと」は何も伝わらず、しつけにもなっていません。

POINT 2

「普通の言い方」で言う

「しかるときは子どもが怖がるような言い方で言わないと効果がない」と思っている人は多いものです。でも、逆です。あなたもそうであるように、人は相手がどなるようにして言った言葉には耳をふさいでしまい、文字通り、聞く耳をもてなくなってしまうのです。一方、ごく普通に言われると、耳によく入り、ずいぶん理解しやすくなります。たとえばポイント1の言葉も、声を荒げず、ごく普通の言い方で言うと、かえってよく子どもの耳に届きます。

POINT 3

「短い理由」をつける

子どもをしかりたくなったときは、ぜひ短い理由を添えて言ってみてください。たとえば、子どもが何か危ないことをしたときは、「やめなさい」ではなく、「ぶつかるからやめなさい」「落ちたら危ないからやめなさい」と、理由を添えて言うと、断然、やめる確率が高くなります。

その「理由」は子どもの年齢に応じた言い方でよく、ほんの2秒で言える長さでいいのです。その2秒をケチるかケチらないかで、子どもの反応は全然違ってきますよ。

POINT 4

「何度でも」言う

つい「何度言ったらわかるの！」と言ってしまいませんか。では、子どもに代わってお答えしましょう。「最低10回」です。子どもは、10回くらい言われて、やっとひとつのことがわかります。

もしも2度や3度言われてできるのなら、子どもはみんな5歳のころには神様のような存在になっています。子どもに何か教えるときは、「10回くらい言って、やっとひとつわかってくれる」くらいに、のんびり構えましょう。でも同じような場面で同じことをくり返し言っていると、必ずわかってくれます。

コラム1

《イライラしない子育て》のススメ

その1

「もう！」を少なくする

〜すべては「何でもないこと」〜

母親が1日の中でもっともよく使う言葉をご存知ですか？

それは「もう！」です。1日数十回言っているお母さんもいます。

「もう！」は、少し腹が立ったときに出る言葉です。たとえば散歩中、子どもが木の枝を拾った、道路沿いの小高い所にあがった、汚れている手で自分（母）の服を触った、噴水の水に手を突っ込んだ……、たいていのお母さんは、そのすべてに、「もう！」と言ってから、子どもに何かを言っています。

「もう！」は、相手には「怒られた」として届きます。もしも映画館でお隣の人に足が少し当たっただけで、「もう！」と言われたら、怒られたように感じますよね。

お母さんにしてみれば、危ないことにつながりそうな予感、汚れてしまいそうになる恐れなどから「もう！」となるのでしょうが、子どもはそのつど、自分の行為を否定されたように感じます。人間、自分のやることなすことすべてが否定されていったなら、自分からは積極的には動かない、「指示待ち人間」になっていきます。

落ち着いて考えてみたら、「もう！」と言ったそのひとつひとつは、怒るほどの問題ではなかったはずです。翌日には、昨日そんなことがあったことすら忘れているはずです。なぜなら、「何でもないこと」だったからです。そんな「何でもないこと」にいちいち腹を立てていると、心がいくつあっても足らなくなります。子どもにしても、そのくらいのことでしかられたり、その行為を禁じられたりするのは心外です。

「もう！」を毎日どのくらい言っているかをチェックし、その数を、今日からまず半分にすることを心がけてみましょう。それだけでも、お子さんは変わっていきますよ。

その❷ 疑問文で言わない
～〝すべきこと〟を言おう～

子どもをしかるとき、シンプルにその行為を注意すればいいところを、

「いつまでやってるの！」「何してるの！」「どこあがってるの！」「何回言わせるの！」など、疑問文で言っていませんか？

でもそれでは「注意した」ことにはならず、「文句を言った」だけです。改まらないどころか、次も同じことをします。

親はその言葉に、それぞれ《もうやめようね》《こぼさないように運んでね》《机に上がったらだめ》《同じことを何回も注意されたらダメ》などの意味を込めたつもりかもしれませんが、残念ながら伝わりません。言葉は言葉通りにしか受け取れない子どもは、単なる疑問文にしか聞こえないのです。

「どこあがってるの！」と言われて「つくえ」と答えた子どももいます。その言葉のどこを探しても、何を要求されたかわからないので、言うことを聞こうにも聞きようがないのです。

では、どうすればいいか。

子どもをしかりたいとき、注意したいときは、「子どもにしてほしいこと」「親が求めること」、つまりさっきの《　》の部分をそのまま言葉で言えばいいのです。

夜遅くまで起きていたら「いつまで起きているの！」ではなく「もう、寝なさい」、友達を叩いたら「どうして叩くの！」ではなく「叩いたらダメ」と、《子どもに伝えたかったこと》をそのままストレートに言えばいいのです。疑問文にして言ったときに比べて、5倍は効果がありますよ。

その3 男の子の行動は《自然現象》だと思う
～まるごと認めよう～

さっきの「もう！」にしろ、疑問文にして言ってしまうことにしろ、その原因は、お母さんは「きちんとする」「ちゃんとする」ということが好きだからだと思います。そうならないことに対して、ついいら立ってしまうのです。

さらに、「きれいなこと」「清潔なこと」「危なくないこと」は男性の10倍好きです。

逆に、「汚いこと」「不潔なこと」「危なっかしいこと」は、男性の10倍嫌いです。だからわが子が、そんな行為をしたとき、ついさっきのような言葉が出てしまうのですよね。でも、「自分以外のことは、思い通りにならないもの」と思うとずいぶん、気持ちがラクになりますよ。

たとえば、お天気が悪くても文句を言わないのは、その天気を認めているからですよね。自分の力ではどうにもならないことを悟っているのです。

ついイライラしてしまうわが子の行動も、お天気と同じだと思うと、腹が立たなくなります。わが子のこの姿は、自分の力ではどうにもならない、文句を言っても仕方がない自然現象のひとつだと思い、まるごと認め、そのありのままを受け止める。それでいきましょう。

わが子と散歩中、さっきのようなことがあっても、お父さんならおそらくどれも「もう！」と言わないでしょう。ガマンしているのではありません。そのくらいのことでは腹が立たないのです。イライラしてしまうアンテナのレベルをお父さんくらいにすると、うんとラクになりますよ。ポイントは、雨の日のように、あきらめの境地でいること。「あきらめる」とは、「あきら」かに認「める」ことなのです。

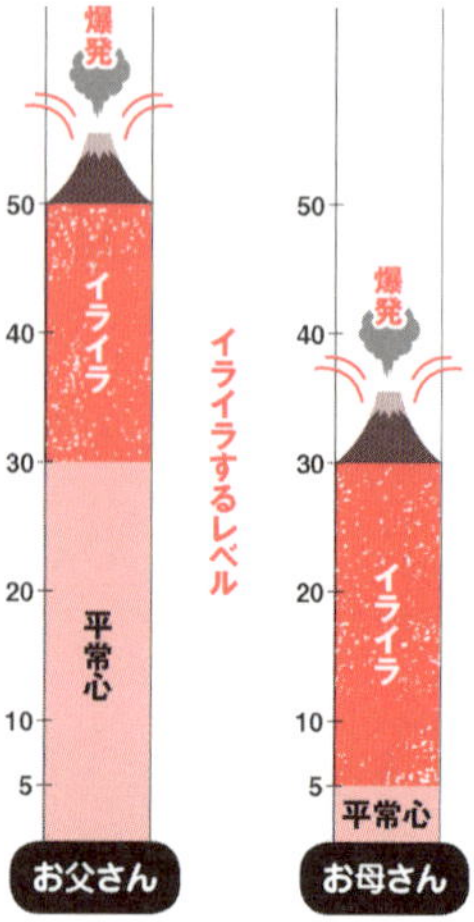

第3章

ほめ上手は子育て上手

ホメホメ作戦でいきましょう！

子どもはほめられたら伸びる

「私はほめられたら伸びるタイプ」と言う人は多いものです。

ほめられることの快感、ほめることの効果は、自分の経験として、みんな知っています。人はみんな「ほめられたら伸びるタイプ」なのです。ところが、困ったことに、私たち大人は、「子どもだけはしかられたら伸びるタイプ」だと思ってしまうようです。親はつい子どもをしかってしまいますが、それは、子どもにちゃんとしてほしいから、伸びてほしいからです。だから今日も子どもをしかります。

でも、違います。子どもこそ、「ほめられたら伸びるタイプ」なのです。「子どもはほめて育てよう」とよく言われます。一度でも親になった人ならわかると思うのですが、わが子をほめながら育てるのって、難しいものです。しかりたくなるところならたくさん見つかるのに、ほめるところはなかなか見つからない、とおっしゃるお母さんもいました。

そんなことはありません。どんな子どもも、「ほめられるべきこと」をたくさんしています。今日も100個はしています。親は気づかないだけです。

今日からすぐに見つけられる子どものほめどころ、そして、かんたんで効果抜群の「子どものほめ方」をご紹介しましょう。子どもはどんどん伸びていきますよ。男の子って子どもからおじいちゃんまで、ほめられると何でもやっちゃいますからね。

次にご紹介する15の場面は、日常の中で起こる、ごく何でもない場面ばかりですが、実はそのすべての中に「ほめどころ」が隠されています。なのに、それらの場面で、ほめるどころかしかっているお母さんもいます。さて、あなたはどちらでしょうか。

ホメホメ大作戦
SCENE
1

子どもが「おはよう」と、寝ぼけまなこで起きてきた。

子どもががっかりする言葉

**指で目をこすらないの！
ちょっとお、
どこかいてんのよ**

どうしてダメなの？

子どもはいつも思っています。「毎日、普通に動いているだけで怒られる」と。毎朝、ただ普通に起きただけで、3つも4つも怒られる子どもは、実はとっても多くいます。

子どもがうれしくなる言葉

**ママが起こしに
行かなかったのに
自分で起きたね**

どうしていいの？

毎日起こされないと起きない子どもは無数にいます。そんな中、「起こさなかったのに自分で起きた」というのは、十分ほめるに値します。その部分を認めて、ぜひほめてやりましょう。

ホメホメ大作戦
SCENE
2

食卓に来ないので、

「ちょっと、○○ちゃん」

と呼んだら、

「は〜い！　ママ〜、なあに」

と答えた。

子どもががっかりする言葉

なあにじゃないの！
早くごはん食べてね

どうしてダメなの？

「呼ばれたから返事をしたのに、怒られちゃった」となり、これからは名前を呼ばれても返事すらしなくなるかもしれません。だって返事をしただけで怒られるのですから。

子どもがうれしくなる言葉

いい返事だねえ。
さあ、ごはんよ

どうしていいの？

返事をしただけで、ほめられていい気分になった子どもは、そのあと、どんな誘いかけにも応じてくれやすくなります。でも、病院などで呼ばれて返事もしない大人が多い中、ちゃんと返事をする子どもって、本当にエライのですよ。

ホメホメ大作戦
SCENE
3

「いっただっきま~す」
と言って、
お茶ばかり
飲んでいる。

子どもががっかりする言葉

ちょっとお、お茶ばっかり飲んだらダメでしょ！

どうしてダメなの？

子どもがもっともしかられやすい生活のシーンが食事タイムです。着席前後から食べ終わるまで、平均10回は何か言われています。楽しい食事も台無しになり、大人なら必ず文句を言い返します。

子どもがうれしくなる言葉

ちゃ〜んと「いただきます」が言えたね

どうしていいの？

食事中というのは、実はほめどころが満載。この他にもたとえば「食べる前に手を洗う」「お箸を上手に持つ」などはすべてほめどころ。その気にさえなれば、ガミガミタイムだった食事があっというまにホメホメタイムになりますよ。

ホメホメ大作戦
SCENE
4

あっというまに全部食べ、「ごちそうさまぁ」と言ってさっさと席を立った。

子どもががっかりする言葉

**もう食べたの？
もっとゆっくり
食べなさい**

どうしてダメなの？

残したら残したでしかられ、食べたら食べたで何か怒られる……。何をしても何か言われる子どもは、自分の行動に自信をなくしてしまいます。自分は認められている、という意識を持てず、自己肯定力も弱くなります。

子どもがうれしくなる言葉

**うわあ、
残さないで
全部食べたね**

どうしていいの？

食べるスピードは速かったかもしれないけれど、全部食べたのはすばらしいこと。そこをほめましょう。どんな行動であれ、子どものその行動の中には、探せば「ほめられるべき点」がいくつもあるものです。

ホメホメ大作戦
SCENE
5

服を脱いだあと、めずらしくきれいにたたんでいた。

子どもががっかりする言葉

あら、めずらしいわね、たたんだりして

どうしてダメなの？

子どもがせっかくいいことをしたのに、ほめるどころか、皮肉やイヤミのオンパレードになるお母さんは結構います。せっかく定着しそうだったよい習慣も、それですべて台無しです。

子どもがうれしくなる言葉

うわあ、うまくたためたね

どうしていいの？

普段している、していないにかかわらず、とにかく上手に、しかも自分でたたんだのですから、まずはほめてやりましょう。普段からそうしてほしいのなら、そのあと「明日からもしようね」と言えばいいのです。

ホメホメ大作戦
SCENE
6

玄関で通園バッグを持って「ママ、早く行こうよ」と催促。

子どもががっかりする言葉

ンもう。すぐにママをせかすんだから

どうしてダメなの？

普段、子どもにガミガミ言うわりには、子どもから何か言われると、すぐに何か言い返すママ。子どもなりに、アンフェアな毎日に気づいています。大人なら、その不公平さに必ず文句を言ってきます。

子どもがうれしくなる言葉

もう準備できたの？早いね。待っててね

どうしていいの？

ママより早く出発準備ができたなんて、いつになくすばらしいこと。まずはその部分を認めてやりましょう。子どもにせかされたくないのであれば、文句ではなく、ひとこと「待っててね」と言えばいいのです。子どもは待ってくれます。

ホメホメ大作戦
SCENE
7

友達に自分のおもちゃを貸してあげようとしたとき。

どうしてダメなの？

仮に、ママに促されたからにしても、お友達に自分のおもちゃを貸してあげるなんてなかなかできることではありません。そんなときに何かひとこと言うか、何も言わないかで、子どもの成長が違ってきます。

どうしていいの？

「あ、お母さんにほめてもらえた！ うれしいな～。貸してよかった～」と思い、子どものやさしさがますます育ちます。次からは促されなくてもお友達に貸してあげる子どもになっていく可能性大です。

子どもががっかりする言葉

（何も言わない）

子どもがうれしくなる言葉

お友達に貸してあげるのね。えらいね！

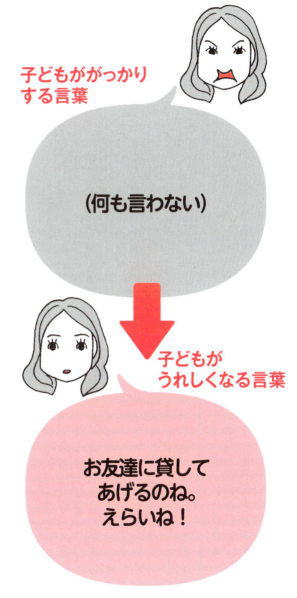

ホメホメ大作戦
SCENE
8

外から「ただいま〜」と帰って、靴を揃えて上がったとき。

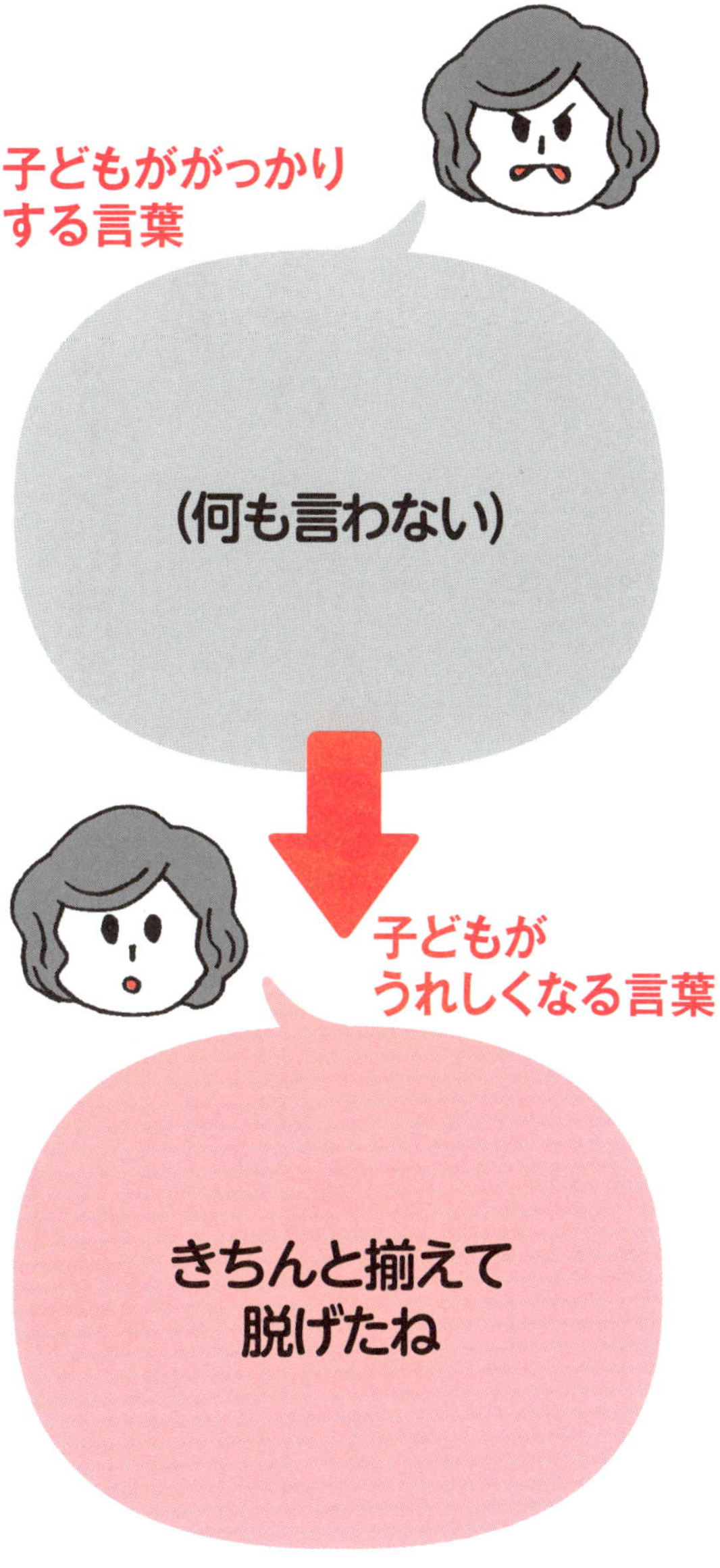
子どもががっかりする言葉
（何も言わない）
子どもがうれしくなる言葉
きちんと揃えて脱げたね

どうしてダメなの？

「あ、えらい！　きちんと揃えたじゃん！」と心では思っても、何も言わないお母さんが多いようです。せっかくのほめチャンスだったのに……。心で思うだけでは何も伝わりませんよ。

どうしていいの？

靴を揃えて脱ぐ、というのはすばらしいことですよね。ぜひほめてやりましょう。たまたま揃えたようなときでもほめていくようにすると、その行為は自然に定着していきますよ。

ホメホメ大作戦
SCENE
9

「うんち行ってくる」と言って、トイレに行き、戻ったあと手を洗っていた。

子どもががっかりする言葉

(何も言わない)

どうしてダメなの？

当たり前のようなことでも、それをしない人は多いもの。たとえば駅のトイレでは、手を洗わない中年の男性は3人に1人はいます。トイレのあと、何も言われなくても手を洗った子どもは本当にエライのです。まさに「ほめどころ」なのです。

子どもがうれしくなる言葉

うんちのあと、
ちゃーんと
手を洗えたね

どうしていいの？

こんなふうにほめられると、子どもは「あ、お母さんはちゃ～んと見ていてくれたんだ」と思い、うれしくなるとともに、お母さんへの信頼度や愛着度がますます高くなっていきます。

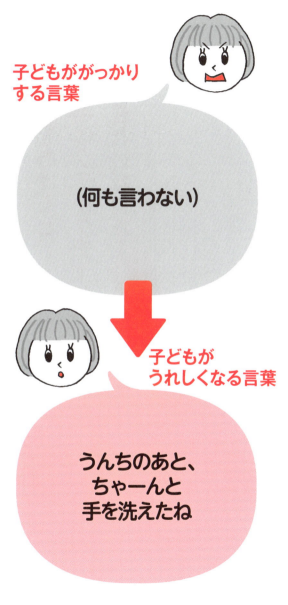

ホメホメ大作戦
SCENE
10

遠足から戻った子どもの
リュックをあけると、
いつも中はグチャグチャなのに
今日はきれいだった！

どうしてダメなの？

お箸は出したままでバラバラ、お弁当箱はフタもバラバラ。遠足帰りの男の子のリュックの中はそんなもの。なのにどうしたことか、今日はリュックの中がとてもきれい……。ここでほめなきゃいつほめる？

どうしていいの？

ほめると言っても、「えらいね」「すごいね」なんていう言葉はとくに必要ありません。ただ、その状態を言葉で言えばいいのです。子どもにはまさに「ほめ言葉」として伝わります。次からもそうするようになりますよ。

子どもががっかりする言葉

（何も言わない）

子どもがうれしくなる言葉

リュックの中、きれいに整理してるね

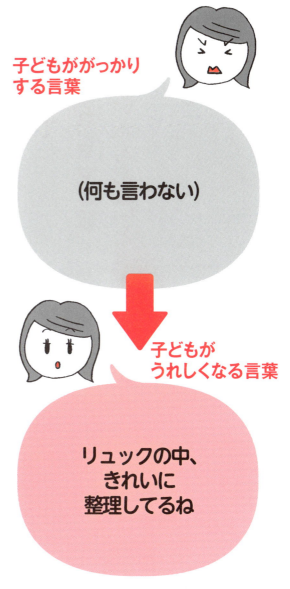

ホメホメ大作戦
SCENE
11

夜、通園バッグから
絵を出して
「ハイこれ、ママの絵。
園で描いたんだよ」と渡す。

子どもががっかりする言葉

どうして今ごろ出すの

どうしてダメなの？

自分でも忘れていた、園で描いたママの絵。カバンの中から偶然見つけて、きっとママが喜んでくれるだろうと思って見せたのに、しかられたのでは、子どもはたまったものではありません。

子どもがうれしくなる言葉

これママの顔？ありがとう。うまく描けたね

どうしていいの？

ママの絵を描いてくれたのだから、まずは素直に喜びましょう。そして一生懸命描いてくれたことをほめましょう。お小言があるなら、そのあとで。子どもの反応は大きく違ってきますよ。

ホメホメ大作戦
SCENE
12

近所のおばさんに「おはよう」と話しかけられ、小さめの声で「オハヨウ……」と言ったとき。

子どもががっかりする言葉

**もっと大きな声で
言わないと
ダメじゃない**

どうしてダメなの？

よく、キャラクターショーのお姉さんなんかも、子どもがちゃんと挨拶したのに「声が小さい！」などと文句（？）を言うことがありますよね。ちゃんと返事をしたのにしかられたなら、大人なら絶対に怒ります。子どもだから怒らないのです。

子どもがうれしくなる言葉

**ちゃんと
お返事できたね。
でも、次からは……**

どうしていいの？

声が小さかろうが、返事はしたのだから、その部分は認めてあげましょう。私もショーのお兄さんをしたことがありますが、そう言ってほめてから、「もっと大きな声で言えるかな？」と言うと、みんな元気よく言ってくれましたよ。

ホメホメ大作戦
SCENE
13

箱からブロックを全部出して、いろんなものを作っている。

子どもががっかりする言葉

**もう！
こんなにたくさん
出して！**

どうしてダメなの？

おもちゃは、使うだけの量を出してほしいと思うのが大人。全部のおもちゃをまず出して、その中から使うものを選ぶのが子ども。それを理解しない限り、毎日同じ言葉のくり返しになり、かえって疲れてしまいますよ。

子どもがうれしくなる言葉

**うわあ、
たくさん作ったねえ**

どうしていいの？

子どもは自分が今遊んでいるものに、お母さんが興味をもってくれたり共感してくれたりするだけでうれしく、ほめられたように感じるものです。１分でもいいから、お母さんがそれで一緒に遊んでくれたら、なおうれしくなります。

ホメホメ大作戦
SCENE
14

おもちゃをなかなか片づけられず、何度もしかってやっと片づけたとき。

どうして ダメなの？

しかられたからにしろ、がんばってやっと片づけたのに、ほめられるどころかさらにしかられてしまったのでは、お片づけというものに対してますますよくないイメージが子どもの中に宿ってしまいます。

どうして いいの？

しかられたから片づけたとしても、ちゃんと片づけたことは評価してあげたいもの。ここでほめるのは……？と思うかもしれませんが、「片づけたね」とその事実を言うくらいはできますよね。でも、それは見事、「ほめ言葉」として子どもに届いています。

子どもががっかりする言葉

これからは しかられなくても 片づけなさいよ

子どもが うれしくなる言葉

ママにたくさん しかられちゃったけど、 ちゃんと片づけられたね

ホメホメ大作戦
SCENE
15

子どもが、少し高いところにかかっていた帽子を、自分の力でなんとか取ったとき。

どうしてダメなの？

せっかくがんばって取ったのに、まるで余計なことをしたかのように言うのはかわいそうです。苦労させたくなかった……というような親心から言ったのだとしても、その気持ちは全然伝わっていませんよ。

どうしていいの？

「えらいね」「がんばったね」などのほめ言葉やねぎらいの言葉はまったく言わなくても、「取れたね」と、ひと言その事実を言うだけで、ちゃ～んと「ほめ言葉」「ねぎらいの言葉」として子どもに届くうえ、自分に自信がついていきます。

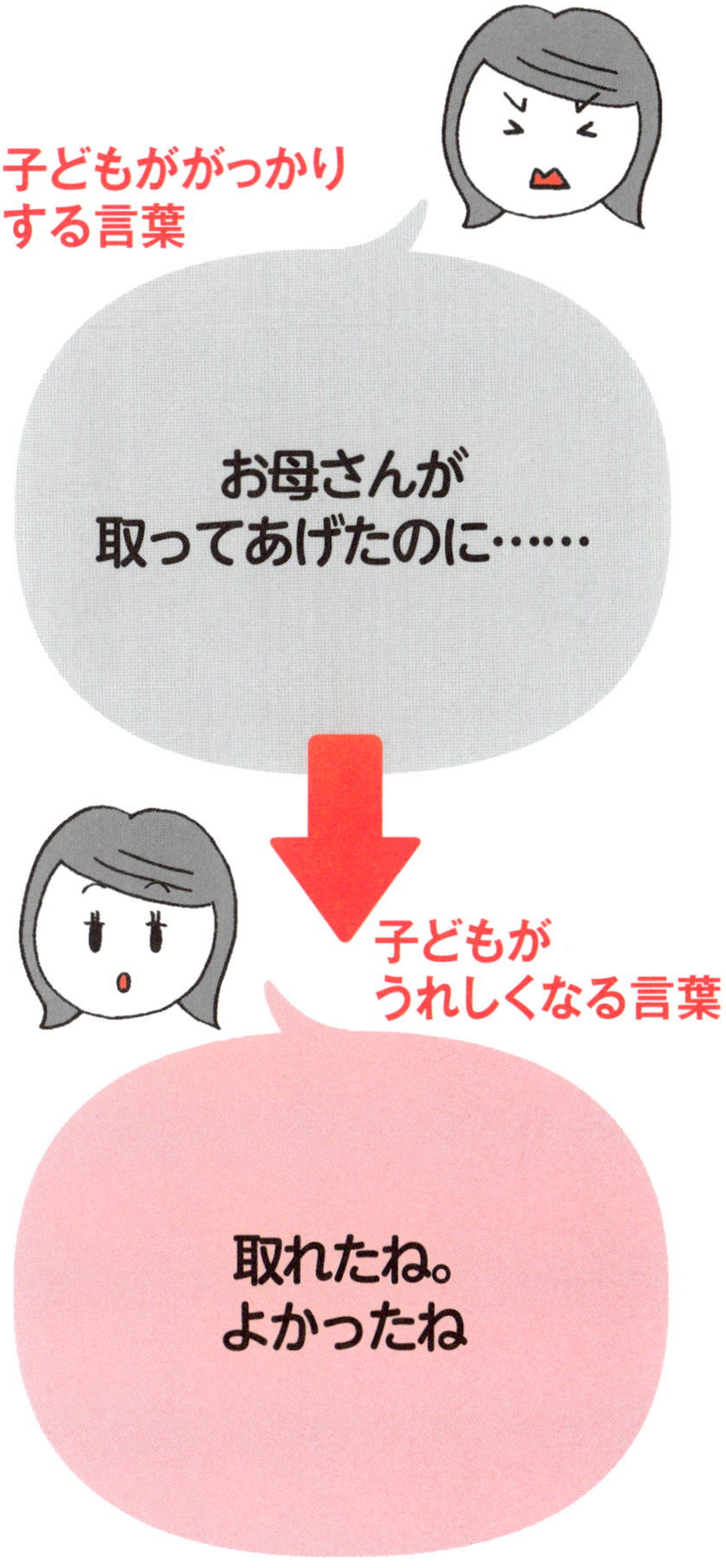
子どもががっかりする言葉
お母さんが取ってあげたのに……
子どもがうれしくなる言葉
取れたね。よかったね

〝ほめ上手なママ〟になるための3つのポイント

ホメホメ大作戦 1

「やって当たり前のこと」をほめる

子どもの「ほめどころ」は、子どもとの日常の中に毎日たくさんあります。今日もしかってしまったあの場面も、実は立派な「ほめどころ」だったのです。本人は、ほめてもらおうと思ってやったわけではないのに、それをほめてもらえ、とてもうれしい気持ちになります。

ホメホメ大作戦 2

やらないときにしかるのではなく、やったときにほめる

大人はつい、やらないとき、できなかったときに子どもをしかってしまいます。それでは、いつまでたってもしかられないとできない子どもになってしまいます。逆に、やったとき、できたときこそ、子どもをほめるようにすると、その行動は定着しやすくなります。子どもはほめられたことはくり返す習慣があるからです。

ホメホメ大作戦 3

望ましい行動をしたら、その行動を言葉で言う

子どもが少しでも望ましい行動をとったときは、その行動をそのまま言葉で言ってみてください。それは見事にほめ言葉になっています。できたときは「できたね」、待てたときは「待てたね」で、いいのです。子どもの行動をただ言葉で言うだけでいいのなら、毎日無数に言えますよね。すると子どもは毎日、たくさんほめられたと思いますよ。

コラム2

〝ありのままのわが子〟を受け止めよう！

子育て中は、本当はわが子がかわいくて仕方がないはずなのに、つい足りないところばかりに目がいって、つい文句ばかり言ってしまう……。これはすべての母親がはまる〝落とし穴〟とも言えます。

どうしてそうなるかと言えば、母親というのは、子どもの数カ月、数年先の姿が気になるからです。すると、「今のままではよくない」となり、目の前のわが子の現在の姿をつい否定してしまう、というわけです。

そんな落とし穴に入らない方法は……、はい、ありますよ。

〝レリゴー！〟の精神でママも子どももラクになる

男の子女の子を問わず、子育てで一番大切なことは、「わが子のありのままを受け入れる」ということです。『アナと雪の女王』ではないけれど「ありのまま」、そう、まさに「レリゴー！」の精神です。

はっきり申し上げます。

子どものありのままの姿を受け止めることができないお母さんは、これからも毎日、文句ばかりになってしまいます。逆に、それができるお母さんには、毎日笑顔がやってきます。

「ありのままを受け止める」というのはそれほど大切なことなのです。

子ども、特に男の子は、確かにお母さんを困らせることを毎日、もう無数にやってくれます。話はいつも「聞いてない」、「わかってない」だし、何度言っても「ちゃんとできない」。

でも、それが男の子なのです。否定したところで、変わってはくれません。ならば、否定するのではなく認めるのです、そのありのままを受け止めるのです。

すると、お母さんには必ず笑顔がやってきます。

たとえば、「新婚旅行はヨーロッパに！　と思っていたのに、実際に行った先はハワイだった」という新婦が2人いたとします。仮にAさん、Bさんとしましょう。

その事実をいつまでも認めることのできないAさんは、必ずや文句だらけ、不満だらけの旅行になります。ハワイというすばらしいところへ行っているということにも気づかず、文句ばかり言っていることでしょう。

一方、現状を認め、ヨーロッパのことなんかすっぱり諦めたBさんは、ハワイのよさやすばらしさに気づき、その旅行を十分楽しむことができ、戻ってくるまでたくさんの笑顔がやってきます。むしろこれでよかったとさえ思うでしょう。

「わが子のありのままを認める」というのはまさにそういうことです。わが子の姿をありのまま受け止め、認めたとたん、わが子にもよいところがたくさんあることに気づき、たくさんの笑顔がやってきます。

一方、わが子の姿を認めず、否定ばかりし続けていると、出てくるのは笑顔ではなく、相変わらずの文句とお小言ばかりになってしまいます。

お子さんは今のままでいいのです。ちょうどあなたが、今のままでいいように。

これからは、わが子に文句を言いそうになったら、ぜひ「レリゴー！」と叫んでくださいね。

文句OK！　お小言OK！
そのあと子どもを笑顔にできるなら

「ダメでしょ！」「何やってんの！」と、子どもをこっぴどくしかったと思ったら、次には子どもを満面の笑顔にしているお母さんは多くいます。

仮に1日100回ガミガミ言ったとしても、そうでないときはけっこう子どもを笑顔にするかかわりもできている、というお母さんは大丈夫、ご安心ください。子どもの記憶の中には、永遠に「いいお母さん」のイメージが残っています。

ここまで読んで、これまでのかかわり方に自信をなくしてしまったお母さん、「ちょっとしかりすぎたかも」と反省されたお母さんもいらっしゃるかもしれませんね。

でも私は、お母さんは世界一子どもを怒っていい人だと思っています。お母さんだけは、その資格があるのです。なぜなら、世界一怒ったとしても、世界一子どもを笑顔にしているからです。

絵本を読む、手をつなぐ、寝るときに体をトントンする、晩ごはん、何が食べたい？　と尋ねる……。別に子どもを笑顔にしようなんて考えていない、母親としてごく当たり前のような日常の、そんな何気ない小さなかかわりが、すべて子どもの心を笑顔にしています。子どもはいちいち「うれしいな」「お母さん、ありがとう」と言ったりしないので、気づかないかもしれませんが、子どもはそのつど、一生覚えているほどの喜びを感じています。もしもお母さんがいない子どもが見たとしたら、うらやましくて仕方がないようなかかわり。お金にしたら、そのひとつひとつに100万円の値打ちがあるかかわり。

さきほど、お母さんは100回ガミガミ言っても大丈夫、と言ったのは、子ども（の顔や心）が笑顔になるそんなかかわりを、たいていのお母さんは1日100回どころか1000回くらいやっているから大丈夫と言ったのです。

「お母さんは怒ったら怖い。でも大好き」

これはある子どもが、お母さんを前にして言った言葉です。

でも、子どもはみんなそうなのです。なぜなら、お母さんはやさしいからです。

「風船配っているね。もらおうか」

お母さん本人は、言ったことさえ忘れるような、日常の中のそんなひと言、そんなかかわりが、子どもは無性にうれしいのです。お母さんは、あまりにもご自身のやさしさに無自覚で、実にもったいなく思います。

それを自覚していただく意味でも、次からは、日常の中で起こるいろいろなケースを見ていきましょう。きっと多くのお母さんに自信を持っていただけると思いますよ。

第4章

普段の何気ないかかわりをチェックしてみよう

お母さんが普段やっていることを改めてチェックしてみましょう

SELF CHECK!

日常生活の中でお母さんが無意識にやっている
子どもへのかかわりの中には、
子どもの気持ちやその発達に
プラスに働くものと、
マイナスに働くものがあります。
次のチェックテストで
確かめてみましょう。

普段の何気ない行動、対応、態度……

SELF CHECK SHEET

LET'S START!!

日常のかかわり チェックテストA 〝よいかかわり〟編

お母さんのことがますます好きになり、
子育てのすべてがプラスになっていく
かかわりです。お母さんには
当たり前のようなことでも、
子どもにとってはお母さんならではの
うれしいかかわりなのです。
さあ、チェックしてみましょう。

よくある＝○（2点）
ときどきある＝△（1点）
ない＝×（0点）

合計

点

日常のかかわり〝よいかかわり〟編

普段の何気ない行動、対応、態度……

（赤い文章はそのときの子どもの気持ちです）

1

食事はつい「子どもの好きなもの」を考えながら作ってしまう

僕はママの料理がいちばん好き！　だっていつも僕が好きなものを作ってくれるんだもん。よその家ではそうはいかないんだ。

□

2

電車に乗ると子どもが景色を見やすいところへ誘導する

ママと電車に乗ったときはいつも外の景色がよく見えるなあと思っていたら、ママがそうしてくれてたんだね。ありがと、ママ。

□

3

2歳まではよく抱っこをし、3歳からはよく手をつないだ

子どもは誰でもみ〜んな、抱っこや手つなぎがだ〜い好き！　だってそのたびに、ママからの愛情を感じるんだもん。

□

4

子どもの目の高さからは見にくいときは、抱っこをしてやる

僕が見えないことに気づいてくれて、見やすいよう僕を抱っこしてくれたりすると、ママの愛情をしっかり感じるんだ。うれしいよ。

□

5

寝るときに体をトントンしてあげる

寝るときに体をトントンしてくれるあれ、うれしいんだよね。「あなたが大好きですよ～」というママの心の声が聞こえるんだ。

□

6

よく絵本を読む

僕がママに絵本を読んでもらうのが好きなのは、ママの僕へのやさしさを感じるから。だから読んでもらう本は実は何でもいいんだ。

□

7

ほめるとき、頭をなでてやることが多い

ママに頭をなでなでしながらほめてもらえると、えらいね〜って言葉だけでほめられるより、10倍うれしいんだ。

□

8

1日10回は子どもに笑顔を見せている

ママは僕の笑顔を見るとうれしくなるって誰かに言ってたけど、それは僕の方。ママの笑顔を見るだけで心が落ち着くんだ。

□

日常のかかわり〝よいかかわり〟編

普段の何気ない行動、対応、態度……

9

子どもの頭が何かにぶつかったら頭をなでてあげる

痛いときにやさしくなでてもらうと、それだけで治っちゃうんだ。なでないどころか、ぶつかったことを怒るママもいるそうだけど。

□

10

子どもが転んで泣いたら、励ましの声をかける

転んだら誰だって痛いよね。そんなとき、大丈夫？　痛かったね、と言ってくれたらうれしくってガマンもできるようになるんだ。

□

11

店頭で配っている風船を欲しがったら並んでやる

こんなとき、忙しいはずなのになんだかんだ言いながら一緒に並んでくれるのがママ。僕の気持ちがわかってくれている証拠。うれしいな。

□

12

子どもが「ママ、見て」と言えば、数秒でも見てやる

僕は、大好きな人にしか「見て」と言わないんだ。そんなとき、3分も見なくっていいんだよ。3秒でも見てもらえるとうれしいんだ。

□

13

「これして〜」と言ってくれば、なんだかんだ言いながらもしてやることが多い

そんなとき、「もう！」と言いながら、いつもしてくれるのがママ。そんなママがだ〜い好きだよ、僕。

□

14

「おなかが痛い」と言えばさすってやる

さっきあんなに食べたからでしょ、な〜んて叱られても、おなかをさすってくれたりお薬を探してくれたりするママが大好きなんだ。

□

15

子どもが見る子ども番組は、つい自分も一緒に見てしまう

ママは見ていないようで見てくれてるんだよね。わかるよ、だってママ、普通の人は知らないはずのキャラクターまで知ってるもん。

□

16

子どもが何かをもらうと「よかったねー」と言うことが多い

僕がうれしいときに「よかったね～」と言ってくれるあれ、大好きなんだ。僕の気持ちを本当によくわかってくれるんだ、ママは。

□

17

子どもが「のどがかわいた」と言うだけで、飲み物を用意してしまう

「○○をちょうだい」なんてひとことも言っていないのに、欲しかったものが目の前にやってくるあの喜び！　子ども冥利に尽きるよ。

□

18

子どもが欲しがりそうなものをいつのまにかゲットして持ち帰っていることが多い

ママは僕の好きなものをいつも気にかけてくれて、外でそれを見つけたときは、ちゃんとゲットしてくれるんだ。ありがとね、ママ。

□

19

熱があるときは、一生懸命看病する

熱があるときはママがとてもやさしくなってお世話をしてくれる。うれしくって、また熱が出ないかな、なんて思っちゃうよ。

☐

20

子どもが何かをなくしたときは、一緒に探してやる

ママが探すとどうしてすぐに見つかるんだろう。パパも不思議がっていたよ。だからパパも何かなくしたらすぐにママに言うんだね。

☐

普段の何気ない行動、対応、態度……

SELF CHECK SHEET

日常のかかわり チェックテストB “よくないかかわり”編

LET'S START!!

ここには、知らず知らずのうちに
子どもの心を遠ざけ、子育てをマイナスに
向かわせるかかわりが書かれています。
子どもはその不満から、落ち着かない行動が
出やすくなるので注意が必要です。
さあ、チェックしてみましょう。

よくある＝○（2点）
ときどきある＝△（1点）
ない＝×（0点）

合計

点

テスト
B

日常のかかわり〝よくないかかわり〟編

普段の何気ない行動、対応、態度……

（赤い文章はそのときの子どもの気持ちです）

1

子どもが転んで泣いたら、励ますより怒る方が多い

ただでさえショックなときに、怒られたり冷たい言葉をかけられたりしたら踏んだり蹴ったりだよ。ママだってそうでしょう？

□

2

子どもが抱っこをせがんでも、抱かない方が多い

抱っこってしんどいのかな。でもいつも断られるのは悲しいなあ。2回に1回抱っこしてもらうだけでもチョーうれしいんだけどな。

□

3

1日20回は子どもに「もうっ！」と言っている

「もうっ」って言われるたびにママを怒らせたって思っちゃう。「もうっ」って聞いただけで「ごめんなさい」と謝る子どももいたんだって。

□

4

子どもをしかったときにたたくことがある

イラッとしたとき、人やものを少しでもたたくことができるとストレスが減るんだって。でも痛いからやめてね。言葉で言って。

□

5

子どもが立ち止まっただけで「行くよ！」と言うことが多い

子どもはいつも普通にしているだけで怒られるんだ。止まっただけ、歩いただけで怒られたら、大人同士ならケンカになるだろうな。

□

6

しかるとき、30秒以上しかり続けることが多い

長くしかられると、もう何をしかられているかわからなくなって、泣くしかなくなるんだ。短くしかられる方が、わかりやすいんだけどな。

□

7

「やめなさい！」「ダメ！」

「これっ（こらっ）！」を1日20回は言う

そんな言葉を言われるたびに自分の行動に自信がなくなり、男の子に必要な「積極さ」がなくなっていくんだ。

□

8

「そんなことしなくっていいの」
とよく言う

原坂先生もよくそう言われていたんだって。でも「しなくてもいいことのほとんどは、してもいいこと」って、先生言ってたよ。

□

9

ベビーカーに乗せて外出したとき、電車の中でも下ろさないことが多い

ベビーカーって疲れるんだ。電車でママが座れたなら、その間だけ抱っこしてくれたら、ご機嫌も随分よくなるんだけどなあ。

□

10

「○○したい」「これイヤ」など、子どもが希望を言っただけでしかることが多い

他にも「暑〜い」とか、とにかく思ったことを言っただけで怒られることが多いんだ。これじゃあもう何も言えなくなっちゃうよ。

□

日常のかかわり〝よくないかかわり〟編

テスト B

普段の何気ない行動、対応、態度……

11

着替えや食事が遅いとき、イヤミや文句を言いながら手伝う

僕がグズグズしていたら、ママは何でも手伝ってくれる。でもそのとき必ずなんかブツブツ言っている。それさえなければなあ。

□

12

「どこに捨ててるの！」「何してるの！」「いつまで……！」と疑問形でしかることが多い

幼稚園でも先生が「おしゃべりは誰」と言うから「○○くん」と教えてあげたら、余計にしかられちゃった。質問形で言われるとわかりにくいんだよね～。

□

13

子どもが何かをしたときに「ごめんなさい」を言わせるクセがある

パパも僕も、男は自分が悪いと認めたときでないと謝りにくいんだ。なのに無理に謝らせられるあの屈辱。ごめん、わかってね。

□

14

1日の中で、笑顔よりも怒った顔を見せる方が多い

僕の見たいのはママの笑顔。怒った顔じゃあないんだ。ママは自分のお友達には素敵な笑顔をたくさん見せている。僕にもぜひ見せて。

□

日常のかかわり〝よくないかかわり〟編

普段の何気ない行動、対応、態度……

15

子どもに何かを言うとき（させるとき）、怒り口調で言うことが多い

お片づけでもなんでも、最初からまるで怒っているような口調で言われると困っちゃう。まずは普通の言い方で言ってほしいなあ。

□

16

子どもと一緒に外を歩くとき、自分の歩調で歩く

僕が普通に歩いたらママにとっては遅いかもしれないけれど、ママの普通の速さは、足が短い僕にはとっても速くて疲れるんだ。

□

17

子どもが何かを落としたらしかるが、自分が落としたときは「あ、落ちた」ですます

こぼしたときなんかも、ママがこぼしたら「あ！」で終わっちゃう。僕のときもそうなってくれたらうれしいんだけどな。

□

18

「ママ」と呼ばれたら、返事をせずに振り向くだけのことが多い

ママって呼んで「なあに」ってやさしく返事をしてくれるとうれしいんだけどな。ママもよく言うよね。「呼ばれたら返事しなさい」と。

□

19

子どもが「お茶」と言ったらしかるが、子どもには「靴！」「足！」と単語ですます

僕が「お茶」って言うと「お茶がどうしたの」と言われちゃう。「靴！」のときも、「靴がどうしたの」って言いたくなっちゃうよ。

□

20

食事の際、かける言葉は子どもが笑顔になる言葉よりお小言の方が多い

食事中、ママがなんか言葉をかけてくれた！と思ったらそれはお小言。その半分でいいから僕がうれしくなる言葉もかけてほしいなあ。

□

テストの結果から見えてくるもの――「お母さんはみ〜んな頑張っている！」

さて、改めてご自身の子育てを振り返ってみて、いかがでしたか？

また、AとB、どちらの点数が多かったでしょう？　このテストは、その点数の差がキーポイントなのです。

Aから Bを引いてみると？

Aの合計点からBの合計点を引いて、プラスになった人は基本的に何の問題もありません。問題がないどころか、絶対に〝いいお母さん〟です。

さらに《＋5点以上》なら、普段の子育てやそのかかわり方に、ご自身は自信がなくても、お子さんは必ず「お母さん、だ～い好き！」「お母さんありがとう！」と思っていますので自信をもってください。いろいろ言っちゃうし、時にはマイナス対応をすることがあるかもしれませんが、その悪影響（？）を消して余りあるすばらしいかかわりを普段の中で自然に行なっているお母さんというわけです。

「えっ、こんなことでいいの？」という項目がAの中には多かったのではないでしょうか？そうです。そんな「何でもないこと」でいいのです。もうすでに毎日当たり前のようにしていることの中にこそ、子どもを伸ばすすばらしいかかわりがいっぱいあるのです。そういうお母さんに育てられているお子さんは幸せです。ご家庭では、きっと毎日笑顔の花がたくさん咲いているのではないでしょうか。

もしも、AからBを引いてマイナスの数字になった場合は……。

普段、一生懸命子育てをしているし、頑張ってもいるのに、なんかうまくいかないなあ、ということはないでしょうか？

その原因のひとつは、もしかしたら普段のかかわり方の中にあったかもしれません。今からでも全然遅くありません。ためしに今日、テストAの中に書かれているような、ごく小さな、〝何でもないかかわり〟を行なってみてください。「やりにくい」「自分のガラではない」と思っても、まずは3つくらいでもいいので、やってみてください。

1週間でOKです。お子さんの姿がまず変わってきます。ひと月も続ければ、子育てもウソのようにラクになっていきますよ。

数十年も前から変わらない母親のすばらしさ

私が初めて保育士になったのは1980年、今から35年以上前です。私は、そのころのお母さんと今のお母さんとを比べて、その本質はまったく変わっていないように思えてなりません。とかく、「今どきのお母さんは……」と言われますが、あれはウソです。子ども、若者、そして母親、父親……、上の世代の人たちはみんな自分の世代だけはちゃんとしていて、今の世代はダメ、に見えるのです。今のお母さんたちも、きっと30年後は「今の母親は……」と言っているに違いありません。

お母さんというのは、今も昔も、本当にわが子に対する愛情にあふれていて、みなさんとても子ども思いで温かいのです。そういう意味でも、母親というのは「いいお母さん」を意識する必要はまったくないと思います。だって、今のままで十分「いいお母さん」なのですから。

私たち大人は、すぐに〝ないものねだり〟をします。目の前にやってきたものは、まず不満な点を探し、そのよさを見つけたり楽しんだりすることをなぜかしようとしません。

しかし、子どもはまったく逆です。目の前にやってきたものの中に備わる〝すばらしいところ〟をまずは発見し、それを楽しもうとします。たとえば自分が通う保育園のプールがどんなに狭くても文句を言わず、ずっと笑顔で遊びます。プールの狭さなんか気にならず、そこに備わっている「よい部分」「楽しい部分」しか見ようとしないのです。

そうすると「この暑いときにプールに入れてうれしい」「冷たいお水が気持ちいい」「友達とぶつかるのも楽しい」と、そこにあるたくさんの喜びに気づく＝思わず笑顔になる、というわけです。

そのように、小さな子どもは、自分に与えられた環境には「ないものねだり」をせず、「あるもの満足」をする、という人生観をもっています。そしてその人生観を、自分の親にも当てはめています。

「お母さんお父さんには、もしかしたら足りないところがあるかもしれないけれど、そんなのはぜ～んぜん気にならない。それよりも、ぼくはお母さんお父さんが好き。お父さんとお母さんは、今のままでいい。今のままでも大好きなとこだらけ」

きっとそう思っています。

男の子をお持ちのお母さんも、ぜひ、この「あるもの満足」の考え方で過ごしてほしいと思います。その大変さばかりに目を向けず、「あるもの満足」の気持ちで過ごしていると、男の子だけに備わるかわいらしさ、そして男の子の子育てでしか味わえない楽しさに気づいていけると思うのです。

するとたくさんの笑顔がやってきます。ちょうど、「あるもの満足」で生きる子どもたちが、毎日笑顔いっぱいのように。

第5章

「甘やかし」と「甘えの受け止め」をチェックしてみよう

SELF CHECK!

「甘やかし」と「甘えの受け止め」あなたはどれだけしている？

《甘やかし》は、
「これくらいのことは、親として当然のこと。
決して《甘やかし》ではない」、
と思うようなものの中に潜んでいます。
そう、それって、十分甘やかしなのです。
「近頃の親はとかく子どもを甘やかす」と
言われないようにするためにも、
一度チェックしてみましょう！

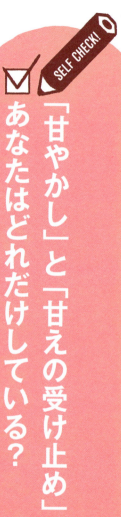

これくらいは、親として当然のこと？

SELF CHECK SHEET

LET'S START!!

チェックテストA
お母さんの
「甘やかし度」

テストAは計10問あります。
それぞれの項目についている解説にも
目を通しましょう。合計得点が出たら、
164ページの採点結果を見てくださいね。

よくある＝○（2点）
ときどきある＝△（1点）
めったにない＝×（0点）

合計

点

1

名前や年齢を聞かれたとき、「ほら《〇〇です》は？」「《△歳です》は？」と親が先に答える

□

それは《甘やかし》かも

すぐに答えないとき、親は促しただけのつもりでも、言おうとしたのに先に言われてしまった子どもは自信をなくしてしまいます。

では、どうすれば…

軽く促し、あと少し待ってあげましょう。言えたらあとで「自分で言えたね」とほめてください。子どもは自分に自信をもち、次からは促されなくても言えるようになりますよ。

2

子どもが持とうと（飲もうと）するものが少しでも熱そうなときは、冷ましてやってから渡す

それは《甘やかし》かも

熱いものが飲めない（持てない）人は、大人でも長男か末っ子に多いもの。いきなり熱いものがやってきた経験が断然少ないのです。

では、どうすれば…

子どもはもしも持ったものや飲んだものが熱ければ、しばらく置いておくということを覚えます。その経験を奪いすぎないように、ね。

テスト
A

お母さんの「甘やかし度」

これくらいは、親として当然のこと？

3

子どもが「ほしい」「買って」と言ったものは、何だかんだ言いながら買ってやることが多い

□

それは《甘やかし》かも

ほしいものが手に入りすぎると、入手したときの《ありがたみ》が薄れ、買ったのに文句を言ったりする子どもになることがあります。

では、どうすれば…

「買って」と言われても、本当に買ってやるのは数回に1回にし、あとは我慢させる、を繰り返しましょう。買ってもらったときの喜びがアップします。

4

おもちゃを貸してもらいたがっているときに、「《貸して》っていいなさい」と相手に聞こえよがしに言う

□

それは《甘やかし》かも

子どもの意思を子どもに代わって相手に伝えたい、という気持ちがそうさせてしまうようですが、これでは、自分で言わなくても「ママが言ってくれる」になってしまいます。

では、どうすれば…

それを相手に聞こえないよう小声で言ったり、「どう言えばいいかな」と提案したりするにとどめると、子どもは、「希望の伝え方」を学んでいきます。

5

ショーやミュージアムなどで、次々と「ほら、あれ見て」「うわ、これ、すごいよ！」とつい子どもに言ってしまう

□

それは《甘やかし》かも

子どもに見逃してほしくないから出た言葉かもしれませんが、おもしろそうなもの、見たいものは、子どもは自分で決めています。

では、どうすれば…

子どもはいつも自分が興味をもったものを見ています。「見たいもの」は親と子では違うもの。「子どもが今見たいものを自由に見せる」ことが大切です。

6

「できない」と言ったもの、なかなかやろうとしないものを、文句を言いながら手伝う

□

それは《甘やかし》かも

なんだかんだ言いながら結局はママがやってしまうと、子どもは「困ったときはママが何でもやってくれる」と思い、依存心の強い子どもになってしまいます。

では、どうすれば…

「手伝って」「ママやって」と言われたらやる、何も言わなければ見守る（手伝わない）を徹底していくと、「基本は自分でやるが、援助が必要なときは声にして伝える」という、まさに《自立した子ども》になっていきます。

7

子どもの嫌いなものはできるだけ出さないようにし、全部残してもOKにしていることが多い

□

それは《甘やかし》かも

子どもの好き嫌いに悩みながらも、それを助長しているのは親であることが多いものです。これでは、その好き嫌いは一生直らなくなります。

では、どうすれば…

好き嫌いは自然に変わり、食べられなかったものが急に食べられるようになったりします。嫌いなものも月（週）に一度は出す、嫌いでもごく少量食べさせ、食べたらほめる、を繰り返すと、好き嫌いは確実に減っていきます。

8

風邪をひかないようにと、厚着にしすぎたり、完全防寒にしたりすることが多い

□

それは《甘やかし》かも

保育園や幼稚園で、先生も驚くほどの厚着をしているのはたいていひとりっ子か長男の子ども。親心はわかりますが、厚着で汗までかいている子どももいます。

では、どうすれば…

子どもは風の子と言われるように、子どもは裸でも薄い下着を1枚着ているような耐寒力があります。少々寒い日も厚着しすぎないようにし、「他の子どもと同じくらい」を基本にしましょう。

9

子どもが自分でできても、みかんの皮をむいて口に入れる、すいかの種は事前に取り除く、などをついしてしまう

□

それは《甘やかし》かも

確かにそれで子どもは助かるかもしれませんが、明らかに過保護。よそで、それを自分でしないといけなくなったときに面倒がるようになってしまいます。

では、どうすれば…

それよりも上手な皮のむき方、上手に種を取り除く方法を教えてあげましょう。喜んでやりますよ。他にも、「傘をさす」など、子どもはそれを嫌がっておらず、むしろ楽しんでいる、という行動は多いものです。

10

遊園地などで、子どもは何も言っていないのに「乗るの？」「乗りたいんでしょ？」と言って、結局は乗せてしまう

□

それは《甘やかし》かも

子どもの希望は少しでも叶えてあげたい、という気持ちがそうさせるのかもしれませんが、親の自己満足だけに終わっていることが多いものです。

では、どうすれば…

「乗りたいの？」と聞かれると、子どもはたいして乗りたくなくても「うん」と言います。本当に乗りたいものは自分で言ってきます。「言われた希望を叶えよう」と思っているくらいでちょうどいいのです。

SELF CHECK SHEET

チェックテスト
お母さんの「甘やかし度」 A

採点結果

合計

16〜20点

典型的な「過保護」「甘やかし」になっています。それがたとえ愛情からきたものであっても、それが重なると子どもをダメにしていく場合があるので気をつけましょう。

10〜15点

母親本人にあまり自覚はないかもしれませんが、他人が見ると、「甘やかし」「過保護」に見える場合があります。「してあげる」機会を減らし、「見守る」機会を増やしていきましょう。

5〜9点

過保護すぎず、甘やかしすぎずの、バランスのとれた子育てができています。自分の子育てを客観的に見られるその目を生かし、これからも愛情たっぷりの子育てを。

0〜4点

過保護や甘やかしからは程遠い子育てをされています。子どもの自立は早くなるかもしれませんが、少し厳しすぎるかも？　愛情から来る自然なかかわりならばどんどんしましょう。

これも甘やかし？

SELF CHECK SHEET

LET'S START!!

チェックテストB お母さんの「甘え受け止め度」

甘やかすことと甘えを受け止めることは
まったく違います。
テストBではそれを見ていきます。
それぞれの項目についている解説にも
目を通しましょう。合計得点が出たら、
176ページの採点結果を見てくださいね。

よくある＝○（2点）
ときどきある＝△（1点）
めったにない＝×（0点）

合計

点

1

子どもが「抱っこ」と言えば、可能なときは抱っこしてあげる

□

大丈夫！《甘やかし》ではありません

子どもは抱っこをしてくれる人の共通点を知っています。それは「自分を好きな人」。抱っこをねだったときに抱っこをされるたび、子どもは「愛されている感」を感じます。

それをしなかったら

抱っこをねだってもしてくれない……、つまり甘えてもムダ。それがわかれば、もう抱っこをねだらない代わりに、愛着も失い、子どもは自分を受け止めてくれる他の人を探すようになります。

2

子どもが転んで「いた～い！」と泣いたら、そのつど励ましたり、いたわったりしてあげる

□

大丈夫！《甘やかし》ではありません

子どもが転んだときに泣くのは、甘えているときです。なんとかしてほしいのです。慰めてもらいたいのです。それでこそ元気になれるのです。

それをしなかったら

「痛い」と言っているのに、励ますどころか「痛くない痛くない」と言ったり、転んだことをしかられたり……、子どもにとっては信じられない世界になっていきます。

3

子どもがテレビを見て口癖のように「あれ、買って～」と言えば、怒らずに「はいはい」と軽くあしらう

□

大丈夫！《甘やかし》ではありません

子どもが待っているのは「イエス」の言葉。そのとき「NO」の言葉さえ返ってこなければ、子どもはもう買ってもらったような気持ちになり、翌日はもう忘れています。

それをしなかったら

「買って」と言っただけで怒られたり、「また～？　この前も……」とお説教が始まったりしたら、子どももやるせなくなってきます。「希望を言っただけで怒る親」という印象だけが残ります。

4

公園での帰り際、子どもが「もっと遊ぶ」と言えば、「じゃあ、あと少しよ」と言って遊ばせる

□

大丈夫！《甘やかし》ではありません

人は自分の希望が叶うと、うれしくなります。その満足感で心は落ち着き、行動も落ち着きます。子どもの小さな希望は少し叶えてやるだけで、子どもの落ち着きは随分変わってきます。

それをしなかったら

自分の小さな希望が叶えられないときは、その不満から心が荒れます。怒りの行動が現われやすくなり、親が困ることをやり出すことが多くなります。そこでしかるとますます怒り……の悪循環になります。

5

ひとりで着られるのに「着せてー」と言ってきたときは、「赤ちゃんみたい」と言いながらもはかせてやる

□

大丈夫！《甘やかし》ではありません

子どもは自分でできることでも、急にしてほしくなることがあります。「甘えたときにそれを受け止めてくれる」。その信頼感があるからこそ、子どもにとって母親は絶対的な存在になっていくのです。

それをしなかったら

ちょっと甘えただけなのに、否定されたりしかられたりすると、確かに甘える回数は減り、お母さんの負担は減ります。でもそれで自立が早まったりはせず、母親の信頼感も減ってしまうことも多いので、要注意です。

6

子どもが赤ちゃんのように「バブバブ〜」と言ったり、体をこすりつけたりしてきたときは受け止めてやる

大丈夫!《甘やかし》ではありません

弟や妹が生まれた場合によくそうなりますが、そうでなくとも、子どもはときどき赤ちゃんのように甘えてくることがあります。それを受け止めてこそ、子どもは「愛されている感」を感じ、母親への愛着を募らせます。

それをしなかったら

子どもは自分の言動が否定されるたびに、自分のすべてが否定されているように感じます。自己肯定感をもてなくなり、自分自身にも自信をもてなくなってしまいます。

7

病院の待合室で「絵本を読んで」と言われたら、読んでやる

□

大丈夫！《甘やかし》ではありません

絵本を読んでもらうその時間は、子どもにとっては心と心の「ふれあいタイム」になっています。病院などの緊張した空間では、お母さんとのそんな時間がほしくなります。ぜひ応えてあげましょう。

それをしなかったら

ある病院で、お母さんが絵本を全然読んでくれない子どもが、見知らぬ私に「読んで」と言ってきたことがありました。もう誰でもいいから読んでほしかったようです。とても不憫に思いました。

8

夜、リビングで子どもが「寝たふり」をしたとわかっていても(4歳までなら)、抱っこでベッドまで連れていく □

大丈夫!《甘やかし》ではありません

リビングで寝ていたはずなのに、起きてみるとベッドの中。寝ている間に何が起こったかは、2歳の子どもでもわかります。それを実感したい子どもはよく寝たふりをします。そのときはぜひその希望に応えてあげてくださいね。

それをしなかったら

ベッドに運んでもらえるどころか、強引に起こされたり、「またこんなところで寝て!」などとしかられたりしたのでは、眠いのと悲しいのとで、子どもは泣きたくなります(実際、泣く場合が多い)。

9

ダダをこねられたり大泣きされたりしたら、根負けし、子どもの言いなりになることがある

□

大丈夫！《甘やかし》ではありません

子どもがダダをこねたり、大泣きしたりしたときは、その背後に何か小さな希望が隠されています。その希望を叶えてやれるのは、それが見える人だけです。「言いなりになる人」ではなく、「子どもの気持ちが見える人」です。

それをしなかったら

叶えても他者になんら迷惑をかけないような子どもの小さな希望は、少しでも叶えてやるか全然叶えないかで、そのあとの子どもの落ち着きは随分変わってきます。どちらが落ち着くと思いますか？

10

子どもが「のどが渇いた」と言っただけで、「○○がほしい」と具体的に言わなくても用意してしまう

□

大丈夫！《甘やかし》ではありません

訪問先で「暑いですね」と言っただけで冷房を入れてくれたり、「あ～のどが渇いた」と言うだけで飲み物を用意してくれたりすると、相手に「やさしさ」を感じますよね。子どももまったくその通りに思っています。

それをしなかったら

「○○をちょうだい」など一言も言っていないのに、それを用意するのは一見甘やかしのように見えますが、実は「信頼に応える」という作業です。大人同士でもそれをしない人は、「気がきかない人」と言われます。

SELF CHECK SHEET

チェックテスト お母さんの「甘え受け止め度」 B

採点結果

合計

16～20点

子どもの甘えをたっぷりと受け止め、愛情豊かな子育てができています。ときには「甘やかしすぎ」と誤解を受けることもあるかもしれませんが、そんなことはありません。自信をもってください。

10～15点

母親本人に自覚はないかもしれませんが、子どもがうれしくなるかかわりが日常の中で自然にできています。親子の笑顔も多く、子どもが「いい子」になっていく兆候はもう表れているはずです。

5～9点

母親の本心は「あなたが大好き」。それが伝わらないのはもったいないことです。今のままでは、子どもに誤解を与えかねないので、むしろ「過保護かな」と思えるくらいのかかわりを意識してやってみてください。

0～4点

他人から「過保護」や「甘やかし」と言われないのはいいかもしれませんが、お子さんはものたりなさを感じているかも。今のままではお母さんから気持ちが離れてしまう可能性もあります。お子さんへの愛情が届くかかわりをどんどんしてくださいね。

第6章

男の子の遊び

どうして遊びが大切なの？

遊ぶと育つ、人間形成に必要な4つの側面

誰に教えられたわけでもないのに、遊びにかけてはとても熱心なのが男の子。どこでも友達をつくり、ボール1つでいろいろな遊び方を考えます。

ホント男の子は、1歳から70歳くらいまで、そこにボール1個あれば、1人でも10人でも、すぐに遊びはじめます。男の子は道具がなくても、その辺にあるものを何でもおもちゃにし、ごはんを食べていてもお風呂に入っていても、何でも〝遊び〟の延長になってしまうこともしばしば。

なぜ、男の子は、こんなに遊ぶことに一生懸命なのでしょうか？

それはズバリ、子どもは、遊ぶことが仕事だからです。

男の子であれ女の子であれ、子どもは遊びから多くを学び、成長していきます。遊びは人間形成になくてはならないもので、思春期までには、むしろたくさん遊んでおかないといけません。

遊ぶだけで、人間形成に必要な4つの側面が育つのです。

その4つとは、まずは、社会的な側面。誰かと遊ぶと、そこには必ずコミュニケーションが必要となり、自然にコミュニケーション能力がアップし、社会性が育ちます。

2つ目は、知性の発達。どうすればもっとうまくできるか、どうすればもっとおもしろくなるかと、子どもたちは遊びの中でいろいろなことを考えます。何も考えないで遊んでいる子どもなんていません。絶えず脳みその中をグルグル動かして遊んでいるのです。単純に言うと、遊べば遊ぶほど、賢くなるのです。

3つ目は、情緒的な側面です。たとえば女の子は人形遊びをすることでやさしさというものが育ちます。心も落ち着き、情緒が安定していきます。男の子は、たとえば同じ人形遊びでも、ヒーローの人形と怪獣人形を、ガチャガチャぶつけ合いながら遊びますよね。でも、それはそれで、「悪者はやっつけなくっちゃあ」という正義感を育て、自分がヒーローになる（心理学では同一化と言います）ことで、自己の重要性を高め、自分に自信をもつようになる。それでこそ心は安定していく、というわけです。

4つ目は身体的側面の発達です。遊ぶだけで、筋力、走力、ジャンプ力、瞬発力といったものから、視力、聴力、手先指先を器用に操る力（巧緻性とも言います）まで、あらゆるからだの機能の発達を促します。ですから、子ども時代にたくさん遊んでいる子と遊んでいない子では、その後の成長が大きく違ってくるのです。

子どもが好きな遊びは「自分らしさ」の集大成

遊びは人間の基本的な欲求を満たす、万能ツールにもなります。人間はみんな欲求を満たす機会（自己実現）を狙っていますが、子どもは遊びによってその欲求を満たしています。男の子はいわゆる男の子らしい遊び、女の子は女の子らしい遊びをする中で、それぞれが自分の欲求を満たすことができるのです。

一般的に女の子はかわいいもの、キレイなものが好きで、それに触れていたい、その中に身を置きたいという欲求をもちます。

一方、男の子は小さなころから「暴れたい・騒ぎたい・ふざけたい・壊したい・強さを

遊びは「社会性」「知性」「情緒」「身体」の4つの側面を育てる

誇示したい」という欲求が、基本的にありがちです。もしもわが子が、一般的なごくふつうの男の子だと思ったら、いわゆる男の子っぽい遊びを与えれば、のびのび育ってくれます。「男の子っぽい遊び」というのは、見事、それらを満たしてくれるものばかりですから。

もしも、うちの子はそんなことはない、と思ったら、それはそれで、子どものありのままを認め、その子にあう遊び、やりたがる遊びを与えればいいのです。

「《男の子らしさ、女の子らしさ》よりも《自分らしさ》が大事」とよく言われますが、結局は男の子も女の子も、《自分らしく》した結果、自然と男っぽいもの、女っぽいものに魅かれるようになっていきます。

私の娘は2歳までは消防車や救急車のミニカーが好きでしたが、私は何もいいませんでした。なのに、3歳ころから、自然と女の子的なものに魅かれるようになっていきました。

そういう私も、姉たちの影響もあり、4歳くらいまでは人形ごっこやままごとが大好きでしたが、自然に怪獣や乗り物など、男の子っぽいものが好きになっていきました。

それでいいのだと思います。大切なのは、前の章までに何回も言ったように「子どもの姿をまるごと認めること」。それさえできればいいのです。

男の子はどうして、ママがいやがる遊びばっかりするの？

「大変だけど楽しい」、男の子との遊び

0歳児がからだを動かしはじめた時分から、「あら？　うちの子、落ち着きがない？」と感じはじめるのが男の子のママでしょうか。女の子連れのママ友とお出かけしても、目が離せないのは断然うちの子！　立ち上がり、ママの手を離れ、何か叫びながら疾走するのがお決まりのパターン。男の子ってどうしてこうなの!?　と、思いながら毎日を過ごされているお母さんも多いのではないでしょうか？

男の子のママは確かに大変です。でもちょっと見方を変えて『男の子はこういうもの』

と思ってみてください。すぐに走り出しても、すぐに小高い所に上っても、「これが男の子なんだ」と。するといちいちイライラすることも減り、気分もうんとラクになりますよ。考えてみれば、その「困った行動」のひとつひとつは、明日になると、そんなことがあったことさえ忘れてしまう、なんてことないことなのです。

第1章に書いたような男の子の特性を、否定するのではなく、むしろおもしろがるような毎日を過ごせば、毎日がうんと楽しくなっていきますよ。

では、「男の子の遊び」というものを考えてみましょう。

先のページで、男の子と女の子では欲求が違うと言いましたが、そのせいで遊び方ひとつをとってみてもぜんぜん違うのです。たとえば5歳くらいの子どもにボール1つ与えれば、男の子はすぐに何かにぶつけようとしたりしますが、女の子は仲よく転がしあったりします。これは、男の子は「エネルギーが発散する遊び方」を好み、女の子は「情緒が安定する遊び方」を好む傾向があるためです。

また、女の子に人形を与えたらかわいがりますが、男の子に与えると、すぐに首を回したり、腕を回したり、人形が壊れてしまいそうな遊び方をします。でも、これは男の子独自の「好奇心・研究心・冒険心」から来るものです。この人形の首はどこまで回るのかな？腕を回したらどうなるかな？　などが知りたくて仕方がないのです。

さらに男の子は、基本的にもっている「攻撃的な欲求」を満たす遊びが好きです。だから、それを満たしてくれるチャンバラごっこや戦いごっこは大好きです。

小学校になると、男の子は必ずプロレスごっこのようなものをするようになります。攻撃的な欲求に伴う「破壊的な欲求」も満たしてくれる積み木遊びや缶けり、それから、ドミノ倒しなども大好きです。

また、「自分が動かして動いた」というラジコンおもちゃは、男の子独自の「支配力」を満たし、変形ロボットやレゴなどのブロックは、「この形に変えたのは自分」という征服欲を満たすので、特に男の子は大好きです。

女の子は、攻撃や破壊はもちろん、支配も征服もやりたいけどガマンしているのではなく、別にしたいとも思っていないので、そういう遊びには行かないことが多いのです。

男の子の遊びの中に見えるやさしさと残酷さ

生き物への接し方もまた、女子であるお母さんには理解しづらいところだと思います。

男の子の素晴らしいところは、ミミズやカエルなどの、いわゆる「ゲテモノ」にまで感情移入できるところです。一生懸命地上に出ようとするミミズを手伝ってあげたり、餌のところにアリを連れて行ったり、カエルにエサのハエをやりたがったり、とてもやさしい。かと思えば、アリや小さな虫を踏んだり殺したり、幼児期のうちは、残酷なことも平気でします。でもこれは、虫への興味と、命への好奇心があるからこそ、の行為です。「こうしたらどうなるかな」というわけです。ここでも先ほどの「好奇心・探求心・冒険心」が顔を出すわけです。何回かすると満足し、逆に労《いたわ》る気持ちが出てくるので、心配しないでくださいね。

女の子はそんなことをしないことが多いのですが、本当はやりたいけれどガマンしているわけではありません。男の子に比べて虫に対する愛情が深い、というのでもないと思います。どうしてしないのかと言えば、単に虫に興味がないからだと私は思っています。

男の子と女の子の遊び方は、そのように、生き物との接し方ひとつとっても違うのですが、いちばんの違いは「男の子はとにかくじっとしていない」ということ。男の子は動くことが大好きです。ということは……、そう、身体で遊ぶ遊びをぜひたくさんさせてあげてほしいと思います。

遊具も場所も不要な、すばらしい運動遊びがあります。お父さんです。

私はよく、「パパの体はジャングルジム」と言っています。リビングに寝っ転がっているだけでもいいのです。子どもがよじ登り、向こうへ行く。もう立派な冒険遊びです。向かい合って手をつなぎ、そのまま膝の上に上っててんぐり返り。鉄棒でもそんなことはできません。お母さんにはできないことでも、お父さんとならできますよね。

お父さんの体は、まさに男の子のさまざまな欲求を満たすことができる、究極の体育遊具です。男は男同士、ドーンとぶつかり合いながら、遊ばせてやってください。父と子の、すばらしいコミュニケーションにもなります。

パパのイヤなところ……
息子もそっくりもっています

ご主人を見て、男ってどうしてこうなの、とか、これはイヤだな、と思うところがあれば、それが「男の子」の特徴だと思って間違いないでしょう。ご主人とお子さんの共通点を見つけることが、「男の子との生活」を楽しむコツかもしれません。

たとえば、偉そうにする（言う）、すぐに汚いことをする、いちいち言わないとわかってもらえない、趣味や好きなものに対しては変にこだわる、生活面ではだらしないなど、共通点が見つかるたびに、楽しくなっていきますよ。「男の子理解」が深まり、夫婦仲がよくなったり、子育てがうまくいったりするかもですよ。

特に男の子にオススメの年齢別《遊び》

0〜1歳（乳児期）この時期の男の子の特徴

この時期は、それほどまだ男女で差は出ませんが、親の様子をじっと見て、模倣が始まります。すぐに移動したがる、なんでもなめたりさわったりして確かめる、ママが命、のこの時期。音が出るものが好きで、音に合わせて自然に体が動いたりするのもこの時期の特徴です。とかく動き回る反面、静かな遊びも好みます。1歳頃からは友達とかかわりながら遊ぶこともできるようになります。

親とのふれあいが、即遊び

この時期は、寝返りを打つ、這う、歩く、走る、飛ぶまで、身体を動かすこと自体が遊びであり、目の前にあるものすべてがおもちゃになる時期。歌や音楽を聞くことも遊びなら、テーブルの周りを無意味に一周歩くだけでも立派な遊び。道具はなにもいらない。

この時期、もっとも大切で、子どもがもっとも喜ぶオススメ遊びは、「親子のふれあい遊び」です。

そう言われると難しく感じるかもしれませんが、実は超簡単。突然ほっぺをツンツンしたり、お鼻をブーとするだけでも、それは立派なふれあい遊び。子どもは必ず笑顔になります。

三角に曲げたひざの上に座らせて、滑り台のようにさっと滑らせる。滑らずに、そのままひざをまっすぐにして、「ドッシーン」と言うのもいいですね。

そのつど「滑っちゃったねー」「落ちたねー」と言うだけで、見事な親子遊びになっていますよ。

子どもは、身体を自由に動かせるようになると、外に出て、いろいろな刺激を求めるようになります。外出したときは、1分でもいいのでベビーカーから降ろし、自然のものにふれる機会を作りましょう。

山や海へ行かなくても、《自然》は子どもの半径10メートル以内にたくさんあります。砂場で遊ぶ、木をさわる、どんぐりや葉っぱを拾う……、すべて立派な《自然との遊び》で、特に男の子はその好奇心がおおいに満たされるので喜びますよ。

お鼻ブー

お母さんとのふれあいすべてが“遊び”になるこの時期には、お鼻をブーと押さえて「○○ちゃん、ブー」と声をかけたりするだけで遊びになる。

ひざの上で自動車ブッブー

子どもをひざの上に座らせて、ひざをゆすってみよう。お母さんが「ブッブー」と言えば自動車に、「ゆらゆら」と言えば船になる。

高い高い

子どもの脇に手を入れて、からだを上下に動かす「高い高い」は、どんな子どもも喜ぶ定番の遊び。0歳のうちは、あまり激しくしないように。

0〜1歳のアイデア遊び

葉っぱでおめん

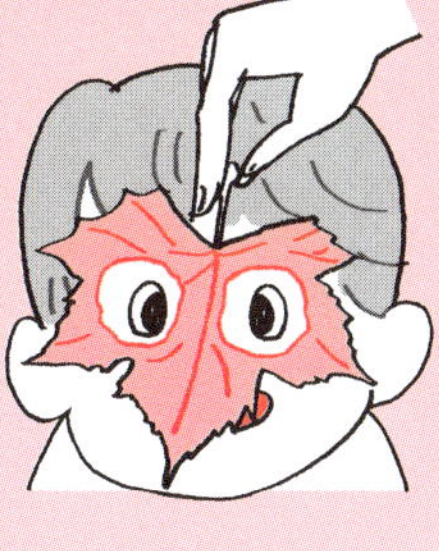

プラタナスの葉など、大きな葉っぱを拾ってこよう。葉を顔に見立てて、目、鼻、口を切り抜けば、おもしろおめんのできあがり！

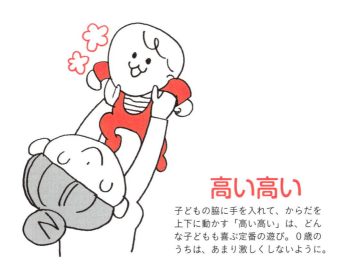

2〜3歳（幼児前期）
この時期の男の子の特徴

いわゆる反抗期に入り、「イヤイヤ」がピークに。好奇心が旺盛になり、スーパーに行くとなんでもさわり、どこにでも勝手に行ってしまったり……。できないのにやりたがったりし、もっとも扱いづらい時期ですが、「ママ、ママ」と甘えん坊でもあります。

車や電車など、動くものや動かすものが好きになったり、親や友達をすぐたたくなどの攻撃性が出てきたりと、「男の子の片鱗」がたくさん出てきます。遊び方も荒っぽくなり、戦隊もののやヒーローものにも興味を持ちはじめます。

「自分でできた」の満足感が男の子の自信に！

好奇心が膨れあがり、自分でできることが多くなってくると同時に、自己主張も激しくなってくる2〜3歳。言葉も少しずつ話せるようになってママを困らせたり、何にでも「イヤ」と言うようになったりするので、〝魔のイヤイヤ期〟と呼ばれ、世のママたちにもっともおそれられている時期。

やってあげようとすると「自分でやる〜」と、あまのじゃくになるのがこの時期ですが、遊びにおいては、この「自分でやる」「自分でできた」という体験が大切です。

何でも自分でしたがるこの時期にちょうどいい遊びがジクソーパズルです。え、2歳から？　と思われるかもしれませんが、大丈夫。バラバラだったものが自分の力で少しずつ完成に近づく！　というのが男の子の感覚に合い、知能も発達します。集中力も必要なので、心身も落ち着きます。パズルのピースの目安は、年齢×10ピース。2歳なら20ピース前後、3歳なら30ピース前後というわけです。

でも、市販のパズルはけっこう高いですよね。そこでオススメなのが手作りパズルです。カレンダーの写真や、絵本のカバーの絵を使って、15分もあれば、立派なパズルが作れます。

作り方は簡単。まずはダンボールなどの厚紙に、絵や写真をのりで貼ります。乾いたらひと回り内側をカッターでくりぬいて枠を残し、残った部分をピースの形に自由に切ればできあがり。絵本のカバーは案外、邪魔になることが多いのですが、パズルにすると子ども喜び、完成の絵を知りたいときはその絵本を見ればいいので、子どもも1人でも遊べます。

パズルのような室内遊びもいいのですが、男の子はなんといっても外遊びですよね。外遊びといえば公園。公園では、男の子が喜ぶ遊びが無数にできますよ。

たとえば鉄棒にぶら〜んとぶら下がるだけでも、子どもは喜びます。筋力もつくし、揺れたり落ちそうになったりすることが心地よい刺激になります。

2〜3歳なら、ぶら下がった状態で地面から10〜20センチになる鉄棒を選びましょう。ブランコは親がひざの上に抱いて、軽く前後に漕ぎましょう。立派なスキンシップ遊びにもなっています。ブランコはスピード感も味わえ、男の子には立派な〝乗り物〟です。

公園では鬼ごっこもオススメです。ルールは無用。パパやママが突然、「まて〜」と言いながら子どもを捕まえる真似をすると、子どもは走って逃げます。そのまま立派な鬼ごっこが始まります。そうやって、とにかく体を動かすと、男の子は大満足します。

パズル

難しそうに思いがちなパズルだが、2歳から20ピース前後で始めるのがオススメ。もっと早い時期から始めるのならば、5〜10ピースから。

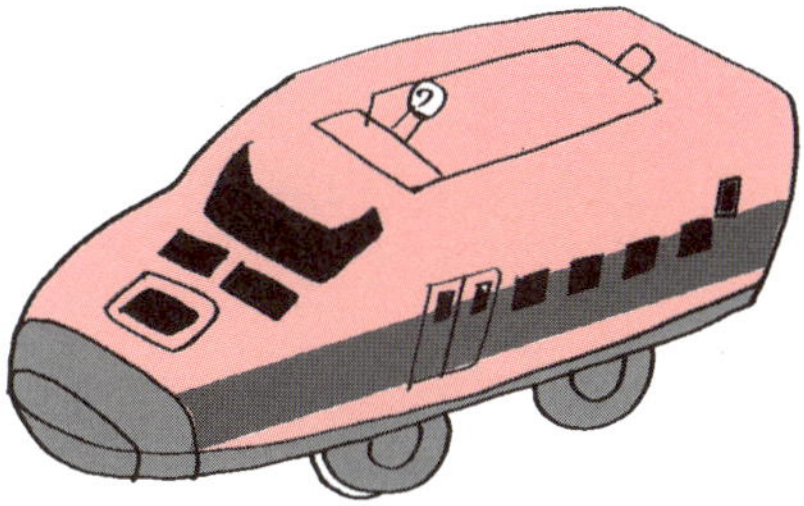

動くおもちゃ

しかけのあるおもちゃやスイッチで動くおもちゃなどが大好き。ものが動くことそのものがおもしろく、男の子の夢をかき立てる。

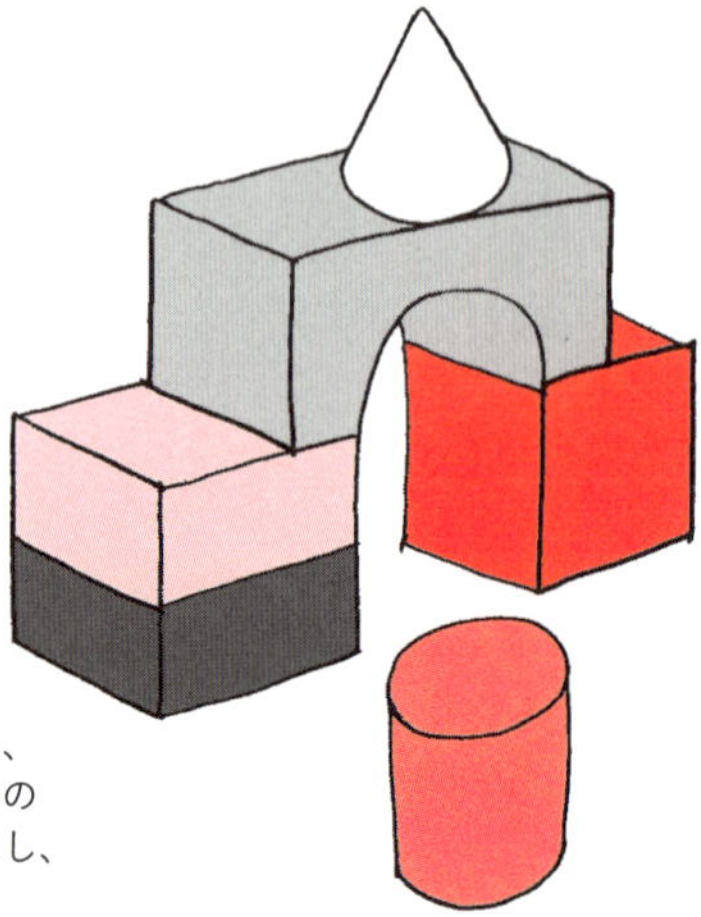

積み木

重ねては壊し、組み立てては壊し、を飽きることなく楽しむ。男の子のもつ「攻撃性」「破壊性」を満たし、心の浄化作用にもつながる。

2〜3歳の アイデア遊び

お風呂で水汲み

ヤクルトやプリン、ペットボトルなどの容器や洗剤用の計量スプーンなどをお風呂に用意しよう。水を移し替えたり、高いところから水を落としたりと、自ら工夫しながら遊ぶ。

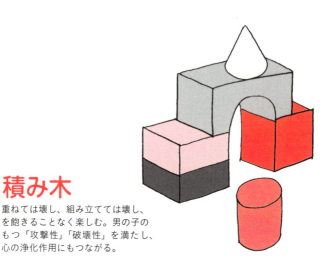

4〜6歳（幼児後期）この時期の男の子の特徴

ママ思いの行動が出てきたり、ずいぶん落ち着いてくる時期。《それ》に関するものなら何でも知っているという「オタク的」な専門分野をもち、ゲームにも関心を示しはじめますが、体を動かす遊びは相変わらず大好き。虫や両生類などの生き物にもやたら興味をもつなど、女の子とは興味の対象が全然違ってきます。この頃の経験は一生覚えています。

体を使った遊びも頭を使った遊びも◎

この時期はまさにやんちゃ盛り。そのくせ危険回避能力は未熟で、親にとっては、毎日がハラハラドキドキの時期でもあります。

でも、この時期こそが遊びの充実期なのです。幼稚園でも保育園でも、マット、鉄棒、跳び箱に最初にとびつくのは男の子、ボールを出すと勝手に投げ合うのも男の子。公園内も、斜面、のり面、すべてが遊び場所になり、すべての遊具に、自分から積極的にかかわっていきます。この世の、ほとんどすべての場所が、この時期の男の子の遊び場になるのです。

遊び方もずいぶん大胆になります。

縄梯子《なわばしご》や、ロープにぶら下がってのターザンごっこなど、2〜3歳ではできなかったことが、4歳から急にできるようになり、それがうれしくて仕方がないことがよくわかる遊び方になります。

今までさせてこなかったことも、どんどん経験させてやましょう。

まだまだ臆病で、怖がりのところもあるので、自分が大丈夫そうなものにしか行かないかもしれません。「やりたがるものはさせてやる」くらいのスタンスがいいでしょう。

さらにこの時期は、この後の学童期の成長に少なからず影響を与える時期でもあります。体を使って外で遊ばせるのはもちろん大切ですが、知性を養う遊びも積極的に取り入れていきたいもの。

おすすめは、トランプやブロックおもちゃ。折り紙遊びもこの時期にできるようになります。トランプは、絵カードで遊ぶだけなら2歳からできますが、4歳からはババ抜きや七並べなどルールのある遊びができるようになります。数字を覚えますし、集中力もつきます。

ブロックのおもちゃは男の子のイマジネーションを広げる優れもの。風呂敷やシーツの上で遊ばせると、終わった後に一気に片づけられて便利です。

幼稚園や保育園でも、ブロックに夢中になるのは8割が男の子。女の子はどうしてやらないのか、今もわかりません。きっと、ブロック遊びには男の子心をくすぐる何かがあるのでしょう。

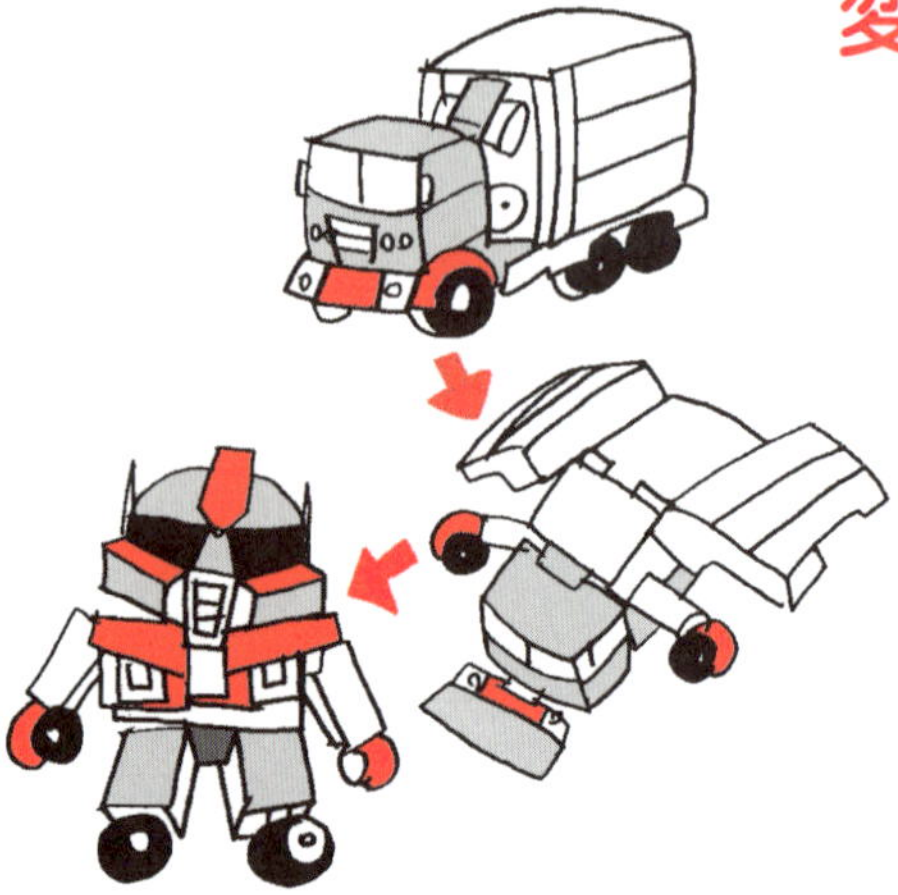

変形ロボット

ロボットの腕や足を動かすことで、次々と形が変わっていく変形ロボット。自分のイメージのままに変わっていくさまは、男の子のさまざまな欲求を大いに満足させる。

ダーツゲーム

男の子は的当てが大好き！紙で的を描き、壁にはりつけるだけで、ダーツのできあがり。やわらかいボールを使えば安全に遊べる。ボールがマジックテープでくっつく市販のものでもOK。

ブロックおもちゃ

組み立てたり、重ねたり、積み上げたり……男の子の創造力と想像力を養う。ガチャガチャと音が出ることもお気に入りの理由だ。

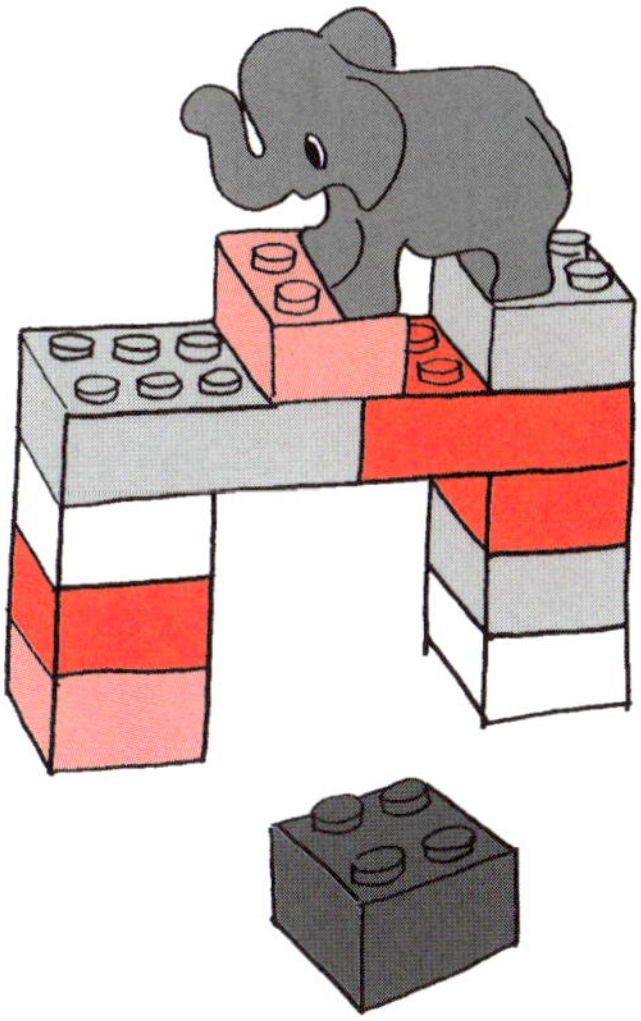

4〜6歳の アイデア遊び

ペットボトルでボウリング

６本の500ccのペットボトルを三角形に並べ、ボウリングごっこを楽しもう。ボールは古新聞を数枚重ねて小さく丸め、セロテープを十字に巻いてつくる。倒れた時の爽快感とその音は最高！

7〜11歳（学童期）この時期の男の子の特徴

荒っぽさよりもやさしさが目立つようになり、頼りになる「男らしさ」も出てくるのがこの頃の男の子。親よりも友達と遊びたがり、集団で行動するようになる、「ギャングエイジ」と言われる時期を迎えます。ゲーム好きがピークになり、パパと男同士の世界をつくったり、特定の女の子を好きになったりも。これまでの「ママを困らせていた男の子の特徴」が、よいように進化し、「困ったもの」ではなく、「微笑ましいもの」に見えるようになります。

〝男の子集団〟での世界が広がる時期

小学校に入って世界が広がり、親の知らないところで遊ぶことが多くなる学童期。手は離れても、決して心は離さないでいてほしいのがこの時期です。ママへの照れなどが出てくる子もいますが、「お母さん大好き」の気持ちは変わっていません。普段の生活でのコミュニケーションはこれまで通り、大切にしましょう。

この時期の男の子は、もう「いっぱしの男」です。かわいらしさよりも男らしさが目立ち、頼もしささえ醸し出すようになります。遊びにおいても、ブロックなど、「子どもじみたもの」からは意識的に卒業し、難しい遊び、大人もする遊びに興味を持ちます。

そんなビミョーなお年頃の男の子が、誰に教わるでもないのに勝手に始めだす遊びが「プラモデル」です。自分の力でどんどんカッコいい形になっていくプラモデルづくりは、ブロック遊びにも似て、男の子心を満足させます。落ち着いて取り組むので、集中力も養えます。突然買って来る日が必ずやってきます。しょせんはまだ子どもなので、買ってきたものはキャラクターもののプラモデルだったりすることもありますが、何も口出しせず、温かく見守ってやりましょう。

カードやフィギュア、その他さまざまなジャンルの《コレクション》も、男の子にとっては、持ち前の「征服欲」を満たしてくれるので大好きです。人と競いながらひたすらゴールをめざし、順位もつき、勝ち負けがはきっきりしている、人生ゲームなどの盤型ゲームも男の子にはぴったりです。そういった盤型ゲームは、最近、ゲーム機に代わって見直されているようですが、パパママ世代が慣れ親しんだものを、家庭に復活させるのもいいかもしれませんね。ぜひ一緒に楽しんでくださいね。

小学校に入れば、ほとんどの男の子は、野球やサッカーに興味を持ちはじめます。チームに入る男の子もいるので、母親としては気になるかもしれませんね。

実は私は、子ども時代に野球やサッカーをする経験が少なく、今は残念に思っています。水泳を含め、それらのスポーツは、男の子の人生にとって必需品と言ってもいいと思います。機会があればぜひやらせてあげてくださいね。これらが得意なのと不得手なのとでは、その後の男の子人生の楽しみ方が大きく違ってきますから。

プラモデル

目的（完成）に向かって一心不乱、集中力も養える。眺めているだけでも、頭の中は空想の世界に羽ばたいているので、想像力も育つ。

コレクション

カードやフィギュアなど、男の子はコレクションも大好き。探す、集める、増える……どの過程でも男の子ならではの欲求を満たす。決して勝手に捨てたりしないように。

すごろくなどの盤型ゲーム

ゴールを目指すもの、順位を競うものが男の子は大好き。市販のものでもいいが、オリジナルのすごろくなどをつくるのも楽しい。

7～11歳の
アイデア遊び

傘袋

スーパーなどに置いてある、ぬれた傘を入れる傘袋。空気を入れてふくらませば、痛くない安全な剣や棒に早変わり。チャンバラごっこに最適だが、そのまま飛ばすと楽しいロケット遊びもできる。

第7章
男の子ならではの「困った！」にお答えします

こんなときどうしよう？

日常の中での"困った"

Q&A

QUESTION and ANSWER

男の子にありがちな
「うちの子、ヘンじゃない？」
「こんなことに困ってます！」に
ズバリお答えします！

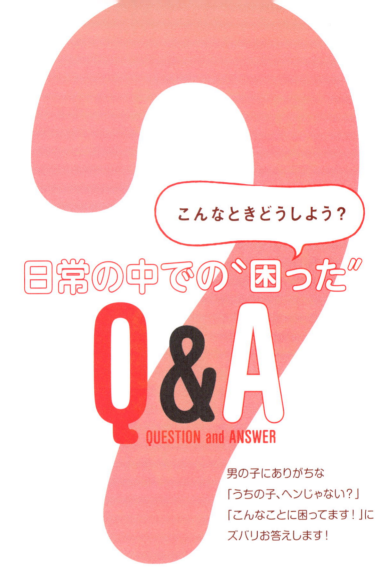

Q1

2歳の息子はすぐに手が出て、お友達を押したりたたいたりするので困っています。

A1

その子なりの〝事情〟をわかってあげましょう。

自分の気持ちを言葉で伝えられない2歳くらいまでは、気が弱い子は泣くことで、気が強い子は暴力で伝えようとします。暴力はよくありませんが、そのとき必ずその子なりの〝事情〟があるはずです。その〝事情〟が見えるのはお母さんだけ。〝○○したかったんだね〟と気持ちを代弁してやったうえで、「でもたたくのは（押すのは）ダメ」とくり返し伝えましょう。3歳以上ならば、子どもの言い分に耳を傾けながら注意していきましょう。すると、こちらの言い分にも耳を傾けてくれるようになっていきますよ。

Q2 病院や電車内など静かにしてほしいときはどんなおもちゃを与えたらいいですか？

A2 テンションを上げるものは避けましょう。

怪獣人形や、乗り物などのおもちゃは、かえってテンションが上がるので与えないほうがいいでしょう。本でもいいですが、男の子は凝り性なので、じっくりと読む図鑑類がおすすめです。持っていくものは、事前に子どもと相談して決めるのではなく、そこで突然かばんの中から取り出すと、子どもはその意外性によろこび、より集中して遊びます。

Q3

パパの遊ばせ方を見て、これはどうかと思うことがよくあるのですが……。

A3

パパとママ、それぞれの遊ばせ方が子どもを豊かに育てます。

ママとは転がし合いしかできないボール遊びも、パパとならぶつけ合いができます。公園でも、パパとは激しい遊びができるけれども、砂場で子どもが始めたママゴト遊びの盛り上げ上手はママです。パパ、ママ、それぞれが自分らしく関わることで、子どもにとってはまったく違う経験になり、経験の幅が広がります。ケガにつながる遊びでないかぎり、少し大目に見てあげてください。ママがマユをひそめたくなる遊ばせ方でも、パパは男の子がよろこぶツボを知っています。むしろ参考になるかもですよ。

Q4

両親そろって生きものが大の苦手です！
でも子どもは大好きなんです……。

A4

関心と感心だけは忘れないでください。

触れないものは仕方ありませんね。「カブトムシとってきたの？　すごいね、でもお母さんは触れないよ」……これでいいんです。お世話もしなくていいです。でも、「やめて」と拒否してはいけません。「何を食べるの？」と関心をもち、「触れるの！　すごいね」と感心すれば、子どもは自分が認められ共感してもらえたように感じます。それを機会に昆虫図鑑を与えるのもいいでしょう。飼っているうちに、親も興味が沸くかも!?

Q5 グループで遊ぶのが苦手です。どうしたらいい？

A5 仲よしのお友達が、1人いればいいです。

輪の中に入れない子は、それができないのですよね。できないことを無理にさせるのはよくありません。友達関係を心配しているんだと思いますが、特定のお友達が1人いれば、社会性も情緒も十分育ちます。どんな大勢の友達の輪も、最初は2人だったはずで、そこから広がるのです。まずはその1人を見つけてあげてください。3歳までは、誰にも邪魔されない1人遊びをむしろ好みます。公園の砂場などでも、子ども同士楽しく遊んでいるように見えて、実は1人遊びをしている子どもが大勢いるだけ、ということもよくあります。

Q6 外遊びがあまり好きでないようです。無理に連れ出したほうがいいですか？

A6 無理やりではなく、少しずつ世界を広げてあげましょう。

それまでの育て方云々ではなく、根っから外遊びが苦手な子はいます。でも、凧揚げだけは好きなど特定の外遊びが好きなら、そればかりでもいいからさせてあげてください。また、家の玄関先で、縄跳びやビニールプールで遊ぶのもいいでしょう。そうしたことから、少しでも外遊びの良さを感じ取ってもらえればいいと思います。昔から「アウトドア」のほうがいいように言われてきましたが、最近は「インドア」の良さが見直されています。お子さんには逆に、「アウトドア」の良さを口ではなく体験で教えてあげてください。

Q7

ゲームやマンガ、テレビに夢中です。このままでいいの？

A7

それ以上の時間、親子のふれあいがあれば大丈夫。

それ以外に夢中になれるものがあれば構わないと思います。オリンピック選手だって遠征中にゲームに夢中の人が多くいます。でも、それ以外に一生懸命になれるものがあれば、弊害にならないんですね。ゲームやテレビ、マンガにふれた時間以上、親子でふれあう時間があればOKです。ふれあうといっても〝遊ぶ〟というのではなく、一緒に食事をする、一緒に買い物に行く、などでいいのです。

Q8 4歳の息子が、園の先生から発達障害を疑われました。私はそうは思えないのですが。

A8 「障害」という言葉にこだわらなくていいのです。

発達障害は専門家でも診断が難しいので、不用意に言う言葉ではありません。でもその先生は、お子さんのことが気になるからこそのアドバイスのつもりだったのだと思います。発達障害は、妊娠障害や更年期障害と同様、「障害」という言葉にこだわらなくていい障害です。白黒をつけるためではなく、子育ての勉強のつもりで、一度インターネットや本屋さんで、発達障害のことを調べてみることをおすすめします。子育てとしても、参考になるかかわり方がたくさん載っていますよ。

Q9

5歳の息子がよく嘘をつきます。嘘をつくたびにきつくしかっているのですが。

A9

本当のことを言ったときは逆にほめてみてください。

ケガをしたから正直に「ケガをした」と言うと「そんなので遊ぶからでしょ！」と怒られ、嫌いだから「嫌い」と言うと、「好き嫌いばかり言って！」としかられるなど、子どもは普段、本当のことを言うとしかられています。そんなことが続くと、ケガをしても隠したり、嫌いなものを好きと言ったり、嘘をつくようになります。嘘をつくとしかられないからです。これからは心に思ったことや本当のことを言ったときは何でもほめてみてください。きっと変わりますよ。

おわりに

「男の子の子育て」といった本を見ると、男の子はすべてある一定のイメージで書かれているような気がしませんか?

「男の子ってこんな風ですよね。すぐにこうしますよね。困ったものですよね」と。

でも、男の子って、そんな男の子ばかりではありません。

中には、全然当てはまらない男の子もいます。

当てはまらないどころか、その正反対の男の子もいます。

そんなお母さんは、「むしろそんな男の子になってほしいのに」と思いながら読まれたかもしれません。


でも、ちょうどいい男の子なんていません。

男の子はそのどっちかだと考えていいと思います。

お子さんがどんな男の子であっても、うまくいく方法があります。

それは、「子どものありのままを認める」ということです。
この本の中にも何回も出てきたフレーズです。覚えていますか。

子育ては子どもに落ち着きがあるかないかなんて関係ありません。
言うことを聞くか聞かないかも関係ありません。
子どもが健常児か障害児かなんていうのも関係なく、
言ってしまえば男の子か女の子かも関係ないのです。
子どものありのままを認める。それさえできたら大丈夫です。ホントです。

自分の子育ても、そのありのままを認めるようにしてください。
そしてあなた自身の姿も、そのありのままを認めるようにしてください。
子育てだけでなく、あなたの人生すべてがうまくいきますよ。
子育て、どうぞ楽しんでくださいね。

原坂一郎

本書は、別冊宝島２０８５『男の子をラクに育てる本』
別冊宝島２２５２『男の子をラクに伸ばす本』
別冊宝島２２７１『ひとりっ子をラクに伸ばす本』
別冊宝島２３８０『男の子のほめ方しかり方大百科』の
記事をもとに再編集し大幅に加筆修正しています。

著者プロフィール

原坂一郎

（はらさか・いちろう）

1956年神戸市生まれ。関西大学社会学部卒業後、独学で保育士資格を取り、当時では珍しい男性保育士となる。23年にわたる保育士生活では、どんな子も笑顔になるユニークな保育で「スーパー保育士」とも言われた。現在は、こどもコンサルタントとして、執筆活動のほか、講演・講座で全国を駆け回っている。家庭では2男1女の父。KANSAIこども研究所所長、日本笑い学会理事。『日本一わかりやすい男の子の育て方の本』（PHP研究所）『男の子のしつけに悩んだら読む本』（すばる舎）『ママのイライラが笑顔に変わる——男の子の育て方』（洋泉社）ほか著書多数。

http://harasaka.com/

男の子に伝わるほめ方しかり方大事典

2016年1月28日　第1刷発行

著　者　原坂一郎
発行人　蓮見清一
発行所　株式会社 宝島社
〒102-8388　東京都千代田区一番町25番地
【営業】03-3234-4621
【編集】03-3239-0927
http://tkj.jp
振替:00170-1-170829　(株)宝島社
印刷・製本　サンケイ総合印刷株式会社

ISBN 978-4-8002-4914-2